*Happy Traveller*快·乐·旅·游·通

自助旅行地图完全手册

台湾自助游

林聪宝 主编

最新
最全面
最详实
台湾自助游手册

当代世界出版社

如何使用本书

本书图文并茂，收录全台湾超过760个景点，设计逾60条兜风路线，搭配最新、最精确的地图，让您一书在手，就可以畅游21大县市「玩透透」！轻松体验度假新乐趣。

区域刊头·内文介绍

■游玩路线
兜风路线的设计，可利用于行程规划，以顺路游为主，串联县市景点、小吃。视路线长短，可灵活运用规划一日、二日、三日等行程。

■顺游景点
邻近各大景点，可做顺路游之规划。

■相距里程
标示两景点、区域间相距里程，让行程规划更有概念。

■大景点

■当地小吃、特产、民俗采风
特将各县市小吃、特产详细罗列，提供更完备的购物、饮食资讯。民俗采风则为当地特殊庆典活动。

县市章节页

■景点基本资料

- 详细地址或地点
- 联络或洽询电话
- 网址资讯
- 备注资讯
- 营业或开放时间
- 详尽开车资讯
- 详尽搭车资讯
- 捷运资讯

■图说

热门旅游区

精选最新、具代表性的热门旅游区，搭配小型示意图，让您可以按图索骥，——造访目前最HOT的景点。

■栏眉

依照不同县市使用不同主题颜色，方便索引。

■台北市旅游路线

本书台北市观光以捷运为介绍路线。

■捷运路线标示

■捷运站及周边简介

■顺游景点、美食

精选台北市各大景点，轻松搭捷运就可畅游台北城。

地图图例说明

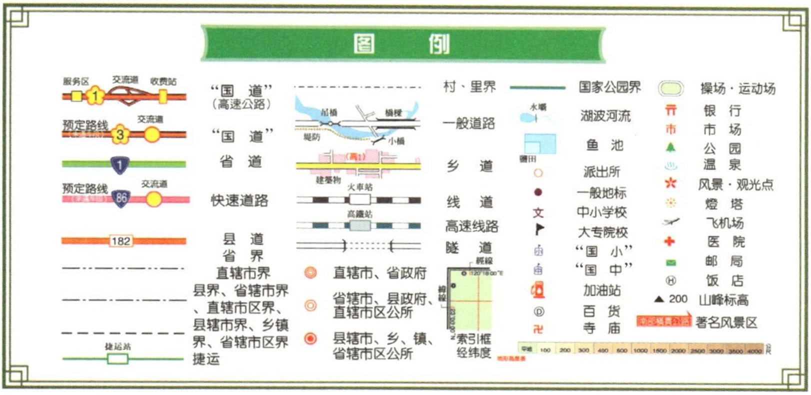

目录 CONTENTS

台北县

桃园县章节页

新竹县章节页

苗栗县章节页

台中县市章节页

台中市

台中县

彰化县章节页

南投县章节页

云林县章节页

嘉义县章节页

台南县市章节页
台南市

台南县

高雄县市章节页
高雄市

高雄县

屏东县章节页

台东县章节页

花莲县章节页

宜兰县章节页

澎湖县·金门县章节页

澎湖县

金门县

热门景点玩透透……

迷人风光

东北角、阳明山、清境、合欢山、日月潭、阿里山、垦丁、太鲁阁、绿岛……

都市情怀

台北捷运一路通、台中都会全记录、高雄海港自由行、宜阑山水畅快游

怀旧小镇

淡水、九份、深坑、三峡、大溪、北埔、三义、鹿港、集集、美浓

美味小吃

基隆庙口、士林夜市、丰原庙东、鹿港老店、府城美食、旗津海鲜……

台北县市·基隆市

Taipei Keelung

盈盈河川，动静百余年，交错孕育出一片丰华。不只是车水马龙，登峰造极的首善之区，也是梦想的实现地。

1. 世界最高大楼之一——台北101。
2. 相当于二十五层楼高度的扇形喷泉水景，是大佳河滨公园的地标。
3. 平溪乡岭脚瀑布。
4. 台北县福隆蔚蓝海岸。

碧砂观光渔港

基隆市

水岸卓奇·雨都情怀

当地小吃

基隆庙口天妇罗、面线羹、营养三明治、虾仁肉羹、泡泡冰、豆签羹、芋粿、红烧鳗羹、八宝冬粉、甜酒酿、油粿、原汁猪脚、豆花、鼎边锉、奶油螃蟹、蚵仔煎、一口吃香肠、旗鱼羹、肉羹；八斗子、碧砂渔港海鲜（花蟹）。

当地特产

李鹄饼店、绿豆沙饼、咖哩饼、凤梨酥。

民俗风采

农历7月12日~7月14日中正公园主普坛中元普渡、农历7月14日八斗子渔港放水灯

【基隆庙口】

庙口指的是奠济宫，庙口小吃则是指奠济宫附近，仁三路与爱四路交岔口成「L」形的夜市街，全长300公尺左右，各种吃食应有尽有。

夜市通常由下午4点多开始营业，在人气的摊位前，人潮总是川流不息。

具代表性的小吃摊如38号的面线羹、豆签羹、58号的三明治。在仁三路与爱四路交岔口的冰店，是仁三路上著名的小吃摊。

中山高（“国道”一号）→基隆端，沿忠四路、仁五路、爱三路、仁三路可抵。

由基隆火车站前沿忠一路步行即可抵。

【和平岛】

和平岛位于基隆港北端，由和平桥与基隆市相连，有许多奇岸怪石的景观，又因紧临市区，而成为基隆市郊热门的旅游地点。各式各样的奇形怪石，像千叠敷、万人堆、蕃子洞等，是岩石经造山运动的挤压，而后又经年累月受到风力和海水侵蚀，形成现在的风貌。

基隆市平一路360号　02-24628714

中山高（“国道”一号）→基隆端，沿中正高架桥→中正路→和一路→平一路可抵。

于基隆火车站搭乘101路市公车至终点站下可抵。

【碧砂观光渔港】

距离基隆海洋大学不远的碧砂观光渔港，是酷爱海鲜者的天堂。宽敞的室内鱼市，摊位设置规划整齐，除了活跳跳的现捞海产外，很多是急速冷冻的深海鱼类；北海岸盛产的小卷，透抽、花蟹、白底蟹、濑尿虾，本港龙虾、石斑鱼等，都是饕客口中的美味佳肴。除了来此品味海鲜外，户外绿意盎然的空地上，是放风筝、骑脚踏车的最佳场所。

碧砂渔港渔获直销中心

地址：基隆市中正区北宁路211号

电话：02－24691822

景点1 碧砂海洋悠游馆

提供免费入馆参观的海洋悠游馆，陈列各式鱼种的图片、文字介绍，是认识鱼类的好地方。

景点2 八斗子忘忧谷赏海景

八斗子背倚深澳山北麓、三面临海，每到黄昏时刻，在夕阳余晖的映照下，呈现一片嫣红的天际与湛蓝的海洋，景色旖旎，这便是著名的八斗子夕照。近来忘忧谷上多了几台流动咖啡车，让赏海景的游客可以一面听音乐闻咖啡香。

【光华塔·海上咖啡】

孤立港边的光华塔，强风飒飒，坐在咖啡厅内，看着远山白濛濛的山影和行驶其中的船只，相映成趣的画面，感受颇有那么点遗世的味道。环视360度的咖啡厅内，最受游客欢迎的位置，就是对着基隆出海口的视角，特别的景观就是可以看到一艘艘的大货轮，从眼前行驶而过。一壶浓郁芳香的水果茶，配上湛蓝的海景，爽口的酸甜滋味让人觉得海景更美了。

- 基隆市港西街6之2号(码头位置)
- 海上咖啡座 02－24206131 小艇码头 02－24232020
- 由于光华塔属管制区，游客需至小艇码头购票，乘船方能登塔。
- 中山高（“国道”一号）→基隆端，由孝二路转忠一路抵小艇码头。

台北市

高瞻远瞩的昂然气势

当地小吃：
西门町鸭片粉圆、鸭肉扁；龙山寺福饼；万华夜市蚵仔煎、郑家碗粿；华西夜市蛇肉、蛇酒、海鲜；士林夜市药炖排骨士林香肠；公馆夜市川菜、越南菜、泰国菜。

当地特产：
文山铁观音、草山柑橘、阳明山高山蔬菜、南港包种茶、木栅绿竹笋。

民俗采风：
农历正月初6万华清水岩清水祖师祭、正月15万华龙山寺，北投关渡宫元宵花灯、农历3月23北投关渡宫天上圣母祭、农历3月14保安宫保安大帝圣诞。

—本书台北市观光以捷运为介绍路线—

淡水线

台大医院站

台大医院站与台北车站之间，从日据时期日本侵占时期至今，一直是台湾的执政中心，有许多重要机关单位皆位于此，其建筑大多是日据时期所留下的巴洛克式建筑，相当具有特色，成为这一站的另一个游赏重点。

景点1 二二八和平公园

台北市襄阳路2号

02-23032451

搭捷运淡水线至台大医院站，4号出口即抵。

具有百年历史的二二八和平公园建于清光绪二十五年，原名为台北公园，又称新公园，至1997年才更名为二二八和平纪念公园，并竖立二二八纪念碑。亭台楼阁、喷水池、荷花池、拱桥等人工造景，颇具中国庭园风格，是游客拍照留念的最爱。

景点2 台湾博物馆

台湾博物馆位于二二八和平公园内，是台湾最早成立的博物馆，建筑风格为希腊多利克式(Doric)，于1949正式更名为“国立”台湾博物馆，馆内展出项目分为人类学、地学、动物学与植物学等，可结合二二八公园一起游赏。

景点3 “总统府”

台北市中正区重庆南路一段122号

02－23113731

搭捷运淡水线至台大医院站，走1号出口，步行约5分钟即抵。

“总统府”建于日据时期，是当年的台湾总督府，光复后仍以此为最高执政机构。自从1995开始开放给民众参观后，自此揭开其神秘面纱。目前“总统府”除了平日开放，每年也会固定开放几个假日时段给民众参观，让民众可以一览“总统府”的内观。

中山站

南京西路为餐厅、服饰店、精品店、百货公司林立的流行购物商圈，不妨步行到已有82年历史的圆环夜市，尝尝名闻遐迩的元老级台湾传统小吃！

景点1 台北之家

台北市中山北路二段18号

02－25117786

搭乘捷运淡水线，出中山站4号出口后左转，往南京东路方向步行5分钟，遇到中山北路左转，步行1分钟即可抵达。

2002年粉墨登场的「台北之家」，前身为美国驻台领事馆，这座三级古迹的老建筑，重新规划为复合式电影艺文空间。期盼在此催生台北城市的电影艺术细胞，让广大爱影人与电影工作者能拥有一个交流电影艺术的人文空间。

景点2 台北当代艺术馆

台北市长安西路39号

02－25523721

搭乘捷运淡水线，出中山站后沿（地下）捷运大街往台北车站方向步行约5分钟，再出捷运大街4号出口，步行约1分钟即可抵达。

结合古迹、艺术、历史与科技的台北当代艺术馆，在社区、市府、艺术家与企业界等各界努力下，活化成为推广当代艺术为宗旨的美术馆。

美食1 宁夏夜市

搭乘捷运淡水线，出中山站1或2号出口后右转，往重庆北路方向步行10分钟，遇宁夏路右转即可抵达。

范围由民生东路一直横跨到南西路，主要贩售台湾传统小吃及现点快炒，近年更因异国小吃摊位进驻，让人潮鼎沸的宁夏夜市呈现多元风情！

▲50年历史的烧麻糬（26号前摊位）

美食2 圆环夜市

搭淡水线，出中山站1或2号出口后右转，往重庆北路方向步行10分钟可抵达。

位于南京西路、重庆北路、延平北路、天水路及宁夏路交会处，聚集大批专卖小吃的摊贩，因而成为台北夜市最早发源处。

▶ 吉祥号香菇脚筋肉羹

脚筋肉羹除了用脚筋肉制作外，还放入鱼龙鱼肉搅拌，有别一般用纯猪肉制作肉羹的做法。（台北市南京西路284之1号1楼A1）

圆山站

圆山站周边环绕孔庙、保安宫、圆山饭店、林安泰古昔、市立美术馆、台北故事馆、中山美术公园、大佳河滨公园，及近年经常举办球赛与大型演唱会的中山足球场等诸多知名景点。

景点1 市立美术馆

台北市中山北路三段181号
02－25957656
搭乘捷运淡水线，出圆山站后往市立美术馆方向步行5分钟可抵。

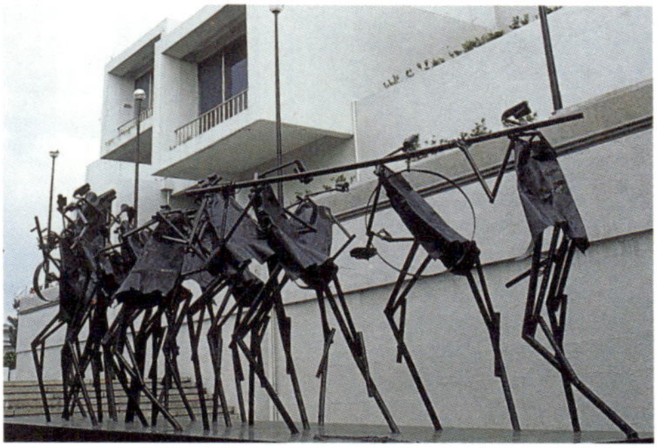

建筑融合中国四合院格局与后现代风格的市立美术馆，是全亚洲最大馆藏最丰富、面积最大的美术馆，除了不定期邀请国内外名家参展外，也规划视听室、图书室、艺术书店、美术公园等。

景点2 保安宫

台北市哈密街61号
02－25951676
搭乘捷运淡水线，出圆山站后方出口，经库伦街再转大龙街，步行10分钟可抵。

建于公元1805年（清朝嘉庆初年），因年代久远且建筑宏伟壮观，而被台湾评定为二级古迹。农历三月十四日为保安大帝圣诞，热闹非凡的祭典场面，堪称台北市庙会一大盛事。

景点3 孔庙

台北市大同区大龙路275号

02－25923934

搭乘捷运淡水线，出圆山站后方出口，经库伦街再转大龙街，步行10分钟可抵。

每年九月二十八日孔子诞辰当天，须遵循周朝释奠古礼，举办庄严隆重的「释奠礼」祭典活动，献跳传统八佾舞，每年总会吸引大批游客观礼，参加象征智慧长进的智慧毛拔取活动。

景点4 大佳河滨公园

台北市中山桥到大直桥之间

搭乘捷运淡水线，出圆山站前站出口，搭乘公车33、72、222、283，于「大佳国中」站下车可抵。

相当于25层楼高度的扇型喷泉水景，是大佳河滨公园的地标。广大绿地上并设置网球、篮球、槌球和羽毛球等球场，以及环绕公园长达数公里的自行车道。

剑潭站

剑潭站是整个捷运系统的代表站，月台屋顶完全没有使用柱子，而以吊索支撑，悬吊式的钢缆以意象形式呈现出中国传统屋顶的外型，融合了古典与现代。

景点1 台北市立天文科学教育馆

台北市基河路363号

02－28314551

搭捷运淡水线至剑潭站，由1号出口步行至基河路约12分钟可抵。

天文科学教育馆原为圆山天文台，超大的宇宙剧场以180度的半球荧幕和金色的抢眼外型著称，立体剧场则带您感受浩翰的宇宙世界，让您这一趟天文之旅值回票价。

美食1 士林夜市

邻近铭传大学、东吴大学的士林夜市，有多家数十年的老字号名气小吃，诸如303粥点、青蛙下蛋、药炖排骨、大饼包小饼……等，吸引民众及海外观光客前来朝圣品尝。

◀ 陈纪大饼包小饼

饼中有饼、馅外有馅的「大饼包小饼」，饼皮及内馅口感丰富，形成大饼Q软、小饼酥脆的绝佳滋味。

（士林临时夜市　摊号：430）

▶ 303粥点

爱吃广东粥的老板，专门制作无味精、高营养且汤头浓郁的粥中极品。

（士林临时夜市　摊号：307）

士林站

士林捷运站位于基河路、文林路、中山北路交会处，境内拥有故宫博物院、至善园、士林官邸、阳明山“国家公园”……等多处自然生态及深具历史意义之深度旅游景点。

景点1 台北故宫博物院

台北市福林路60号

02－28812021

早上9:00～下午5:00（全年无休）

搭乘捷运淡水线，出士林站1号出口，至中正路搭乘红30、小18、小19、101公车，于「故宫博物院站」下。

从5000年前的旧石器时代彩陶，到元朝后的青花彩瓷，馆藏玉器、铜器、陶瓷器皿、书画、图书、档案文献……等六万多件深具历史意义的古物，丰富多元的馆藏，成为中华艺术的文化重镇。在故宫左侧占地七千余坪的「至善园」，整体设计均仿造宋、明朝代的江南山水庭园，巧夺天工打造八大江南胜景。

▲ 风光景致幽静如画的至善园

◀ 古色古香的「松风阁」

景点2 阳明山“国家”公园

搭乘捷运淡水线，出士林站1号出口，至中正路搭乘红5、109、111公车于「阳明山公车总站下车」，再转搭108假日游园公车至各处风景区。

旧称草山的阳明山“国家”公园，由于地理位置涵盖大台北地区，因此成为民众登山享受森林浴的不二去处。每逢二月中旬到四月初的阳明山花季，总将整座公园挤得水泄不通。景点有小油坑、擎天岗、竹子湖、绢丝瀑布、七星山、冷水坑、大屯自然公园、二子坪游憩区等。

景点3 顺益原住民博物馆

- 台北市至善路二段282号
- 02－28412611
- 周二至周日　早上9:00～下午5:00
- 搭乘捷运淡水线，出士林站1号出口，至中正路搭乘213、255公车，于「卫理女中站」下车。

博物馆介绍台湾原住民分布概况、展示各族住屋模型及工艺用品、展示各族仪式文物，阐释原住民的信仰生活，并且特别设置影像图书馆、影像展示厅及定期举办相关展览。

新北投站

北投是台湾知名的温泉胜地，珍贵的温泉资源孕育出当地特有的温泉文化，可造访温泉博物馆，一览温泉文化的人文风情外，也可选择前往旅馆或是饭店内享受温泉的润泽。

景点1 北投温泉博物馆

- 台北市北投区中山路2号
- 02－28939981
- 早上9:00～下午5:00（周一休馆）
- 搭淡水线至新北投站，沿中山路直行约3分钟可抵。

初建于公元1913年，前身为北投温泉浴场，在一楼中央有座以欧洲圆拱形列柱围成的超大型浴池，营造出罗马公共澡堂的风味，为馆内一大特色。

景点2 新北投公园

捷运淡水线至新北投站，穿越马路至对面即抵。

浪漫别致的水池造景，配合古树参天的绿意景观，让此处成为电影「向左走·向右走」的拍摄场景。公园内曾有数座建于日据时期的石造拱桥，为北投特产的唭哩岸石所搭建而成，已被列为台北市纪念性建物。

新店线

中正纪念堂站

除了有中正纪念堂、“国家”戏剧院、“国家”音乐厅，南海路一带的邮政博物馆、历史博物馆、艺术教育馆、杨英风美术馆等文化艺术展览馆，还有美丽的植物园，这些构成了著名的南海学园。

景点1 中正纪念堂

台北市中山南路21号

02－23431100～3

搭捷运新店线至中正纪念堂站，走5号出口即抵。

以纪念堂为主体，建筑融合中国文化的精神，内部有文物展视室、中央通廊、演讲厅、怀恩艺廊、中正艺廊、瑞元厅、中正纪念图书馆等。两旁的“国家”戏剧院和音乐厅经常上演文艺活动，户外的广场也经常有大型活动在此举行。

景点2 台北植物园

台北市南海路53号
02－23039978
搭捷运新店线至中正纪念堂站，由1号出口，往南海路方向步行约10分钟可抵。

由林业试验所管理的植物园占地广达约8公顷，种有各种花草树木1500多种，规划有成语植物区、诗经植物区、十二生肖植物……等各种趣味性专区植物，是一个深具教育意义的休闲场所。

景点3 “国立”历史博物馆

台北市南海路49号
02－23610270
早上10:00～下午6:00　周一休
搭捷运新店线至中正纪念堂站，由1号出口，往南海路方向步行约10分钟可抵。

“国立”历史博物馆创馆于1955年，馆藏至今已搜集了约六万多件的文物，其中包括：铜器、玉器、陶器、磁器、书画、文献史料、宗教民俗文物等，丰富的文物经常让人流连忘返。

▲ 螭纽特钟是春秋时代的铜器文物

古亭/台电大楼站

从古亭站到台电大楼站这一带有许多乐器行、画廊、书店和茶坊，以罗斯福路为主轴，一直延伸到公馆的台大校区，到景美的世新大学，形成重要的文教区。

景点1 儿童交通博物馆

台北市汀州路三段2号

02－23690001

平日早上09:00～下午5:30；
假日早上09:00～下午6:00

搭捷运新店线至台电大楼站，走5号出口沿师大路步行5分钟。

儿童交通博物馆主要分为Go Go世界、E世界和交通公园三大区，除了一般交通工具展示外，还有交通电子互动区、交通电影院，让小朋友在游戏中轻松学会交通规则。

美食1 师大夜市

搭捷运新店线至台电大楼站，由3号出口沿师大路往龙泉街方向走，屈臣氏右转步行约5分钟可抵。

师大夜市主要以美食和咖啡店为主，逛书店，喝下午茶，吃小吃是到这里最大的享受，低价的消费让师大夜市成为学生族群的购物天堂。

▲许记生煎包
薄薄的面皮将高丽菜和碎猪肉裹住，许记生煎包现扞现包，美味看得见。
（台北市龙泉街）

◀老天天爱玉粉圆冰
讲求真材实料和卫生，坚持传统作法而不用化学原料制作，不但健康养颜且入口即化。
（台北市师大路39巷）

◀阿诺可丽饼
将传统法式可丽饼加以改良，料多味美且华丽的口味，特别受女性朋友青睐。（台北市师大路39巷20号）

公馆站

位于罗斯福路和新生南路的公馆，有传统的小吃摊贩，也有风格独特的异国料理和茶坊；除了吃吃喝喝，最高学府台湾大学和自来水园区也为这里增添更多的文艺气息。

景点1 台湾大学

台北市罗斯福路四段1号

02－23630231

搭捷运新店线至公馆站，走3号出口往新生南路方向，步行约3分钟可抵。

前身为台北帝国大学的台湾大学，创校于公元1928年，而建于公元1931年的台大校门更被列为三级古迹。台大古老的建筑蕴含着前卫的思想，丰富的温热带植物让这里有最纯净的学习空间，是一所值得一游的美丽校园。

景点2 自来水园区

台北市思源街1号

02－83695145

搭捷运新店线至公馆站，走4号出口往思源街和汀州路口的方向，步行约3至5分钟。

占地17公顷的自来水园区共分为7大区，分别是水雾花园、水园地花圃、输配水器材、自来水博物馆、公馆净水场、管材雕塑区和观音山步道，夏日季节的水源区开放至晚上8点，游客可以欣赏到园区迷人的夜景。

景点3 自来水博物馆

自来水博物馆原为台北水源地唧筒室，1993年被列为三级古迹加以保护，2000年改为自来水博物馆，由于造型古典优雅，成为婚纱摄影的热门景点。

美食1 公馆商圈

搭捷运新店线至公馆站，走4号出口即抵。

公馆商圈的餐馆多集中在汀州街上，罗斯福路上的水源市场两旁和巷弄内则有许多小吃摊，因为商圈的多元性为公馆汇聚了更多人气。

▲ 东南亚冰店

近年来因网路窜红的东南亚冰店，招牌综合三吃，有新鲜的水果，加上自制的水果冰泣淋，淋上浓浓的炼乳，让人想抗拒都难。

备注：巨无霸系列冰品平日须事先订购，假日不贩售。

（台北市罗斯福路四段136巷1-3号）

▶ 易牙居点心坊

易牙居除了有传统港式点心，每月都会推出三道新菜色，平价的消费和亲切的服务是易牙居受欢迎的原因。

（台北市罗斯福路三段286巷16号）

板南线

龙山寺站

万华旧称艋舺，位于康定路上的古董旧货交易市场，常可见摊贩在骑楼下聚集贩售旧货，货品相当多元。

景点1 龙山寺

台北市广州街211号

02－23025162

搭捷运板南线出龙山寺站，沿西园路一段直行，遇广州街右转后，前行2分钟可抵。

建于清乾隆年间的万华龙山寺，正殿主祀观世音菩萨，香火鼎盛，被公认为是台湾庙宇建筑华丽之代表，蟠龙檐柱乃是出自泉州名匠之手，蕴含有特殊的典故与寓意。

景点2 青山宫

台北市贵阳街二段218号

搭捷运板南线出龙山寺站，沿西园路一段直行，遇贵阳街左转可抵。

于清咸丰六年迁建于现址，历经多次的整修后，才完成了今日古色古香的庙貌。在农历十月二十二日，举行有灵安尊王的祭典，是当地的一大盛事。

景点3 艋舺清水岩

台北市康定路81号

搭捷运板南线出龙山寺站，沿西园路一段直行，遇桂林路右转后，直行约3分钟，左转接康定路可抵。

清水岩主祀清水祖师陈昭应，于清乾隆五十五年落成，现列为三级古迹。庙中仍保有许多历史文物，如抱鼓石、蟠龙石柱、山墙上的砖雕等。

景点4 青草巷

搭捷运板南线出龙山寺站，沿西园路一段直行，遇广州街右转后，前行约2分钟，可左转接西昌街即抵。

位于龙山寺旁的西昌街巷内，由于紧邻龙山寺，早期信徒多向菩萨求签治病，而使青草摊贩聚集于此，故名为「青草巷」，以贩售青草茶、药草浴最为知名。

美食1 华西街观光夜市

搭捷运板南线出龙山寺站，沿西园路一段左转广州街，步行3分钟可抵。

华西街是万华最热闹的小吃聚集地，除了老字号之外，蛇店中贩售着各式现杀现煮的蛇胆、蛇鞭、蛇血与蛇汤，是少见的特殊美味。

◀ **古早味蕃薯汤**
蕃薯是精心挑选的黄肉鲜地瓜，加上用老姜熬煮成甘甜辛辣的汤汁，料多实在。（台北市万华区新三水街集中市场新65号）

西门站

西门町是极为知名的娱乐商业重镇，现在的西门町加上徒步区的规划、购物商场与服饰精品、唱片行与电影院的聚集，游逛其中，更能感受新生后的多重风貌。

景点1 红楼

台北市成都路10号

02－23119380

搭板南线至西门站，走一号出口沿成都路直行约1分钟可抵。

原名为市场八角堂的红楼，外观为一八角形的红砖建筑，屋顶为钢骨桁架，显现出设计者绝妙的巧思规划，为说书、相声、戏剧等娱乐表演的重镇。

美食1 鸭肉扁

搭板南线至西门站，走6号出口沿中华路往忠孝西路方向直行约 5分钟即抵。

早期的确是卖鸭肉，但因顾客反映鸭肉味道较重而改卖鹅肉至今。除了鹅肉切盘之外，还有汤面与米粉两种选择。

美食2 杨记花生玉米冰

台北市汉口街二段38～40号

搭捷运板南线至西门站，走6号出口沿中华路往忠孝西路方向直行，遇汉口街左转，前行约10分钟即抵。

有四十多年历史的杨记冰店，以花生玉米冰最受肯定，花生搭配甘甜的玉米一起吃，发挥出美妙的滋味。

台北车站/忠孝新生站

台北车站本身也有许多特色的休闲去处，如新光摩天大楼、华阴街商圈、重庆南路书店街等。一站之隔的忠孝新生站，则是以种类齐全的电脑与周边设备闻名。

景点1 新光摩天大楼

台北市忠孝西路一段66号

02－23886132

展望台开放时间：早上11:00～晚上10:00

搭捷运板南线至台北车站，走站前地下街5号出口，步行2分钟可抵。

新光摩天大楼楼高51层，楼层内设有百货商场、办公室、餐厅，以及展望台等，另外不妨上到展望台，玻璃帷幕的设计，让游客拥有360度的观景视野。

景点2 光华商场

台北市八德路一段51号

搭板南线至忠孝新生站，走4号出口沿新生南路步行5分钟至八德路口可抵。

光华商场位于台北科技大学旁的光华桥下，底楼主要贩售旧书，价格低廉且藏书丰富。二楼则是电脑与电子零件为主，产品相当齐全。

忠孝复兴/忠孝敦化站

利用捷运便利的交通，将东区商圈周遭的购物据点与美食餐厅串连起来，走逛其中，更能够悠闲的享受时髦繁华的都会风情。

百货1 太平洋SOGO 货—台北忠孝馆、敦化新馆

忠孝馆　台北市忠孝东路四段45号
02－27765555

敦化新馆　台北市敦化南路一段246号
02－27765555

SOGO忠孝馆坐拥忠孝复兴捷运出口的黄金地段，提供舒适的购物环境。敦化新馆走的是国际精品路线，吸引想选购知名品牌的消费者。

百货2 微风广场

台北市复兴南路一段39号　02－27525577

搭板南线至忠孝复兴站，走5号出口沿复兴南路直行，约步行7分钟可抵。

微风广场拥有2.3万坪的营业空间，除了有着一般百货公司所强调的流行与时尚精品外，同时利用「阳光、风、绿地、自然」来打造令女人性感的元素。

百货3 京华城

台北市八德路四段138号

02－37621888

搭板南线至忠孝敦化站，走7号出口于顶好市场站搭乘忠孝线生活巴士可抵。

号称为世界最大的球体建筑，将百货结合欧美购物中心的模式，各式精品满足消费者需求。

国父纪念馆/市政府站

国父纪念馆与信义计划区是台北市政治、经济的重心，台北101大楼也已正式开幕，这里不仅是台北市最高的新地标，也是世界第二高楼。

景点1 国父纪念馆

台北市仁爱路四段505号

02－27588008

搭板南线至国父纪念馆站，走4号出口即抵。

仿中国宫殿式的建筑外观，馆内以陈列国父革命史迹为主，规划众多设施及文教、展览活动，可以在此参观珍贵的史迹资料，或在公园歇脚赏景。

景点2 台北探索馆

台北市市府路1号

02－27258630

搭捷运板南线至市政府站，走2号出口沿基隆路直行约10分钟，可左转接市府路即抵。

前身为市政资料馆，馆内共分为台北印象厅、特展厅、城市探索厅、时空对话厅等区域，展出内容包括台北市由古至今的珍贵资料，一探台北人文、历史的魅力。

景点3 台北101

台北市信义区市府路45号

02－81017777

搭捷运板南线至市政府站，走3号出口从忠孝东路五段转松仁路接松寿路，遇松智路左转，共步行约15分钟可抵。

原本已十分繁荣的信义商圈，在台北101的加入后更具发展潜力。全馆101层的建筑中，将焦点锁定在流行时尚与精致美食两大方向，宽敞明亮的购物空间，齐全的品牌专柜，从大众化到国际级名品应有尽有，充分满足消费者的购物需求。

景点3 台北世贸中心

台北市信义路五段5号

02－27251111

搭捷运板南线至市政府站，走3号出口从忠孝东路五段转松仁路接松寿，路遇市府路左转接信义路五段，共步行约20分钟可抵。

世贸中心由展览大楼、国际贸易大楼、国际观光旅馆、国际会议中心等四栋建筑组合而成，结合了展示、办公、会议、住宿等多元化的功能。

中和线

顶溪站

顶溪站是在永和地区中距离台北市中心最近的一个捷运站，纾解极大的交通流量，周边形成永和地区主要的商业中心。

景点1 世界宗教博物馆

台北县永和市中山路一段236号7楼　02－82316699

早上10:00～下午5:00（周一休馆）

搭中和线至顶溪站，走2号出口转搭台北客运706于保生路口下车可抵。

世界宗教博物馆是台湾首座以世界宗教为主题的博物馆，挑选了世界十大宗教为展示主题，让人更能够深入了解各大宗教的多样性。

木栅线

中山中学/南京东路站

从南京东路延伸至中山中学一带，银行、航空公司、饭店、异国餐厅、百货……林立，南京东路更被称为「银行街」。

景点1 行天宫

台北市民权东路二段109号

02－25027924

搭木栅线至中山国中站，转搭5、33、41、225……等公车至行天宫站下车。

主祀关圣帝君，因为被敬为财神，所以香火特别兴盛。庙旁的地下街是有名的算命街，形成当地另一种特色。

景点2 袖珍博物馆

台北市建国北路一段96号B1

02－25150583

10:00～18:00（周一休馆）

搭木栅线至南京东路站，沿南京东路往建国北路前行约15分钟可抵。

馆内的收藏是馆主花了十多年的时间，走遍世界多国收集来的，袖珍作品多是以12:1的比例制作，大致上分为完整建筑的「娃娃屋」和仅有房间内部的「梦幻屋盒」两种，各种小巧精致的作品令人叹为观止。

大安站

大安区整体的规划重点是以「文化绿廊」为目标，以大安森林公园为中心，串连公园绿地和文化资源，创造出地方的形象特色。

景点1 大安森林公园

搭木栅线至大安站，转搭20、22、38、74、204路公车、信义干线至大安森林公园站下车；或沿信义路步行约15分钟可抵。

大安森林公园面积广达26公顷，以「森林」为主题，内有竹林区、榕树区、香花区、水生植物区、红叶区、人工湖、露天音乐台等设施，绿意的环境可称之为「台北都市之肺」。

景点2 建国假日花市・商场

09:00～18:00

搭木栅线至大安站，转搭20、22、38、204、226路公车、信义干线至建国花市下车。

建国高架桥下的停车场，一到假日便成为热闹的花市和玉市，这一个室外花卉市集就像一个大型的花园，供应各式花卉盆栽、园艺用品，是爱花人不容错过的地方。

木栅/动物园站

木栅给人的印象除了动物园，就是群山环绕的美丽景致。好山好水的文山地区，孕育出浓浓的文艺气息。自捷运开发后，使得木栅能同时拥有市区的便利性和郊区的生活品质

景点1 台北市立动物园

台北市新光路二段30号

02－29382300

09:00～17:00（周一教育中心休馆，夜行馆于每月第一个周一休馆）

搭捷运木栅线至动物园站可抵。

动物园占地165公顷，每年吸引近600万的游客入园参观，主要分为室内展示馆与户外动物区，是认识动物的最佳途径。近年来，动物园更引进帝企鹅和考拉，瞧它们可爱的模样，可都是园区的人气宝贝喔。假日就带着小朋友，搭捷运来动物园玩个痛快吧！

景点2 深坑老街

搭木栅线至木栅站，转搭660路公车于变电所下车可抵。

清朝时期，由于文山区一带多以茶叶外销为业，深坑位处交通要冲，因此成为茶业的重要集散地。深坑老街原本都是茅草屋，后来因大火毁之一炬，居民因而改以土砖建造楼房，保留成今天的老街风华，是相当新兴的观光景区。

◀ 豆腐三吃

来深坑就是要吃豆腐，这里的豆腐，以手工盐卤的方式慢慢烧煮而成。老街上的每一家餐厅几乎都有这道招牌料理：「豆腐三吃」，分别是红烧豆腐、豆腐羹，以及糖醋鱼豆腐。

◀ 草仔粿

到处买的到种类多元的草仔粿，咸的、甜的、白的、红的任君挑选，保证让人回味无穷。

台北市饭店一览

名　称	地　址	电　话
老爷大酒店	台北市中山北路二段37之一号	02－25423266
晶华酒店	台北市中山北路二段41号	02－25238000
国宾大饭店	台北市中山北路二段63号	02－25511111
圆山大饭店	台北市中山北路四段1号	02－28868888
福华大饭店	台北市仁爱路三段160号	02－27002323
亚都丽致大饭店	台北市民权东路二段41号	02－25971234
喜来登大饭店	台北市忠孝东路一段12号	02－23215511
希尔顿大饭店	台北市忠孝西路一段38号	02－23115151
长荣桂冠酒店	台北市松江路63号	02－25019988
凯悦大饭店	台北市松寿路2号	02－27201234
六福皇宫饭店	台北市南京东路三段133号	02－87706565
环亚大饭店	台北市敦化北路100号	02－27150077
阳明山中国丽致饭店	台北市阳明山格致路237号	02－28616661

渔人码头

台北县

山城水镇谱写的故事

当地小吃：

淡水铁蛋、阿给、鱼酥、鱼丸、肉包、虾卷、石花冰、排骨饭；八里孔雀蛤；金山鸭肉、肉包；十八王公庙肉粽、烧酒螺；富基、澳底渔港海鲜。

当地特产：

树林酱油、三芝苦茶油、坪林文山包种茶、三峡龙井茶、石碇佛爪茶、石门铁观音、八里绿竹笋、八里黑糯米、八里红龟粿。

游玩路线 1

富基鱼港 17→ 金山 7.5→ 野柳风景特定区 3→ 翡翠湾海水浴场

【富基渔港】

新鲜鱼货是富基渔港的最大特色，贩卖「活跳跳」的新鲜海产，是渔港广受饕客欢迎的原因。

走在热络声不绝于耳的鱼市内，沿着港边码头设立的生鲜摊贩，每一摊几乎都卖有北海岸盛产的金花鱼、石斑鱼、本港龙虾、花蟹、三点蟹、软丝、花枝和白带鱼等，由于鱼贩都是自抓自销，因此价钱非常划算合理。

- 台北县石门乡富基村
- 02－26381021
- 从淡水或二高（“国道”三号）→基金交流道，沿2号省道可抵。
- 于淡水搭往石门、金山的淡水客运，于富基渔港站下可抵。

【金山】

金山乡境内有金包里老街、新金山海水浴场、金包里鸭肉、中正公园、金山青年活动中心温泉馆等据点，街上餐馆旅社林立，可充实安排泡汤假期。

- 金山青年活动中心
  地址：台北县金山乡青年路1号
  电话：02－24981191
- 从淡水或二高（“国道”三号）→基金交流道，沿2号省道可抵。
- 于台北搭乘往金山的国光客运；于淡水或基隆搭乘往金山的淡水、基隆客运可抵。

景点1 金山旧金山大桥

离富基渔港约25分钟车程的金山，渔村气息非常浓厚，喜欢海钓及赏海的人，常会流连驻足于此，看旧金山大桥静静横跨海面上，与帆影点点的船只相互辉映。

景点2 朱铭美术馆

- 台北县金山乡西势湖路2号
- 02－24989940
- 台北市立美术馆前每日有艺术巴士发往朱铭美术馆，班次径洽馆方。

成立于1999年的朱铭美术馆，蕴藏了朱铭大师毕生的创作与对艺术的执著，整个园区就如同一件艺术名作。由朱铭规划监制的园区，展现出动静皆美的气息，不论是大师的作品、典藏的名作、戏剧、音乐，都在园区的各角落展现出迷人的气息，在此可以最愉悦的心情欣赏这些巨匠名品。

温泉1 旧金山总督温泉

- 台北县金山乡民生路196号
- 02－24082628
- 无提供住宿

幽僻的水尾鱼村，有美丽的港湾景致及新鲜海产，还有一处可以边泡汤边赏海景的总督温泉。位于顶楼的大众温泉池，皆需裸浴泡汤，一边可欣赏太平洋湛蓝的海水，另一边则可远眺阳明山的翠绿山峦，堪称顶级享受。

温泉2 喜凯亚温泉酒店

- 台北县万里乡大鹏村万里加投166－1号
- 02－24082559

拥有全台湾唯一的「海底温泉」－硫磺盐泉，由于温泉与海水交会，所以温泉兼具海洋疗法及硫磺泉的双重特点，是净白肌肤、舒缓身心的最佳选择。沿袭日式泡汤的传统习俗，让客人享受精致舒适的泡汤环境，设计有17间独立精致汤屋，分别以观音石与台湾桧木建构而成。

【野柳风景特定区】

野柳风景区是一个海岬，因为海蚀作用的影响，有海蚀洞、海蚀沟、海蚀崖、海湾等地形景观，烛状石、擎柱石、蕈岩处处林立，并形成了仙女鞋、女王头、壶穴、珠石、海龟石等自然奇观。

- 台北县万里乡野柳村港东路167–1号
- 02－24922016
- 从淡水或二高（“国道”三号）→基金交流道，沿2号省道可抵。
- 于淡水或基隆搭乘行驶北海岸公路的班车；于台北搭乘往金山的国光客运，均于野柳站下车。

景点1 野柳海洋世界

- 台北县万里乡野柳村港东路167－3号
- 02－24921111

位在野柳风景区的海洋世界，是台湾第一座寓教于乐的海洋生态育乐馆，馆内有千奇百态的海洋生物与可爱的海洋动物表演，是一处充满欢笑与知识的育乐休闲空间。

▶ 海豚算数

【翡翠湾海水浴场】

北台湾最受欢迎的翡翠湾海水浴场，位于翡翠湾福华饭店内，规划完整且清洁的白色沙滩，有多样化的水上活动，如帆船、冲浪板、水上摩托车、潜水等，彻底享受乘风破浪的快感。

- 台北县万里乡翡翠路1–1号
- 02－24926622
- 活动：香蕉船、水上摩托车、沙滩车、橡皮舟、浮潜。
- 从淡水或二高（“国道”三号）→基金交流道，沿2号省道可抵。
- 于淡水或基隆搭乘行驶北海岸公路的班车；于台北搭乘往金山的国光客运，均于翡翠湾站下车。

游玩路线 2

台北八仙海岸 → 八里左岸 5.5 → 淡水小镇 2

【淡水小镇】

还记得香香的阿婆铁蛋，回甘解渴的酸梅汤，还有新鲜的鱼丸汤和包子吗？淡水，这个有着风采历史的地方，不变的是温厚的人情味及历史瑰宝，请踩踏悠闲的脚步，不要赶时间似的走马看花，慢慢欣赏小镇的每一个弯曲巷弄；品尝每一道可口的小吃。

中山高（“国道”一号）→台北（重庆北路）交流道往士林→沿重庆北路最右车道经回转道→中正路、洲美快速道路、大度路→2、2乙省道可抵。

搭乘捷运淡水线；或于台北搭乘往淡水的淡水、指南、三重客运。

船运：淡水－八里渡船头

营运时间：早上6点－晚上9点半
假日至晚上10点

渔人码头　海上观光：02－28055923

单车出租

轮畅车行
02－26238002
淡水镇中正路58号

怡美车行
02－26227385
淡水镇中正路328号

住宿资讯

万熹大饭店
02－26238002
中正东路35号

海中天汽车旅馆
02－28094300
中正东路2段131号

观海楼旅店
02－26291117
中正东路1段129号

景点1 红毛城

红毛城是淡水最具历史意义的建筑，现列为一级古迹。内部陈列有关中国近代国际贸易、外交关系与台湾史料，供人参观。由堡内扶梯登临城上，举目四望，淡水河入海口、观音山、大屯山脉罗列的开阔气象一览无遗。

景点2 淡水自行车专用道

在初秋的季节，单车道沿路盛开秋芒，衬着水色与观音山，真是浪漫的不得了。骑上精心规划的车道，水泥墙上挂着一幅幅彩绘，远远望去非常的特别。骑一趟淡水单车步道，体验单车与生态的紧密结合。

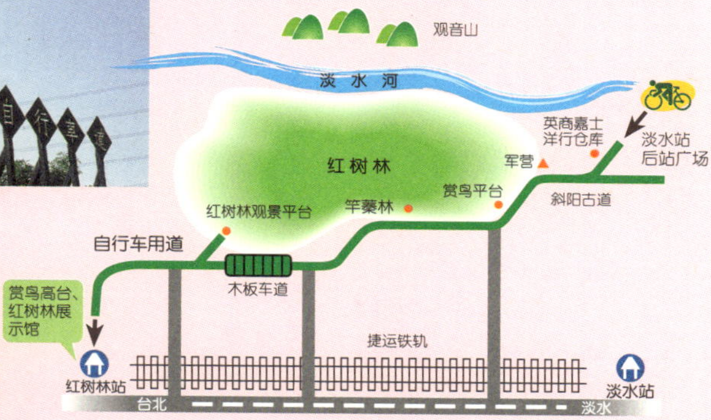

◀水笔仔藉由海流飘洋到淡水河口岸边，繁衍成海上绿色森林！

景点3 红树林自然保留区生态步道

走上这条生态步道，可以观赏淡水河红树林自然保留区，这里是台湾最大的水笔仔纯林，活蹦乱跳的招潮蟹、弹涂鱼、白鹭鸶等,是小朋友最好的自然教材。

美食1 阿婆铁蛋

淡水镇中正路135－1号

铁蛋其实就是回锅多次的卤蛋，呈现古朴的韵味，与阿给、鱼丸、鱼酥并列淡水四宝，香Q带劲的嚼感，总让人一吃再吃。

美食2 榕树道·河岸餐厅街

岸上小吃摊及各式艺品店林立，假日游人如织，沿着河岸散步，有许多精致的餐馆，八棵百年老榕树，在树下乘凉、垂钓、观赏夕阳，最为惬意不过。

美食3 文化阿给老店

- 淡水镇真理街6－4号
- 阿给25／鱼丸汤20

想吃真正地道的「阿给」，请来真理街文化总创店。把油豆腐中心挖空，填入炒过的粉丝，再用鱼浆封口后蒸熟，淋上特制的甜辣酱汁，搭配鲜鱼丸汤吃，有难得一见的口感。

景点4 真理大教堂

有看过电影「双瞳」的人，对这座教堂一定不会感到陌生，置身其中给人恢弘又典雅的感觉，亦为淡水建筑的经典之作。逛完了真理大学，也别忘了到教堂一游。

景点5 沪尾炮台公园

沪尾炮台在旧时为镇守北台湾的重要关卡，经过时代的变迁，如今已成为台湾二级古迹。炮台公园是淡水另一个休闲的好去处，这里风景优美，其中的便道也适合骑单车，享受新鲜的空气。

美食4 可口鱼丸

淡水镇中正路232号

鱼丸汤25台币　包子10台币

使用上等鲨鱼肉裹入肉燥，吃起来，就是有浓浓的家乡味；而花了4个小时发酵的包子，皮Q馅多，在买气上并不输给较有名气的鱼丸。叫碗鱼丸汤加个传统肉包，别有一番滋味。

美食5 许义鱼酥

台北县淡水镇中正路184号

鱼酥好吃的原因在于鱼浆的选材，多半采用小黄鱼或干鱼去头、去肚后打成鱼浆，再经油炸，是人手一包的零嘴。

景点6 渔人码头

水天一色的美景，当日暮西下，夕照染红海面上的渔船，浪漫之语不言而喻。走过斜张桥，木栈道上常见俪影双双，常可见到画家为游客现场作画。木栈道下方设有餐饮店，阵阵咖啡香随着气流飘散，与三五朋友嘻语欢笑，惬意自在。

【八里左岸】

微风吹拂脸颊，和巴黎一样浪漫的「八里左岸」，因为十三行博物馆的成立，八里俨然变成社区营造的新观光市镇。河岸规划渡船头、河岸公园、左岸会馆、挖子尾自然保护区、观海长堤、十三行博物馆等众多景点，一气喝成串联起来，让游客骑单车，就可以把八里玩个透彻。

- 过关渡大桥右转→台15线往八里可抵。
- 从捷运关渡站或淡水站，搭乘红13路接驳公车；或搭乘淡水、三重客运往八里。
- 船运：由淡水搭乘渡船往八里。

单车出租

新文化基金会

☎ 02－27192025

位于河岸单车道旁近篮球场处。

田园小站

☎ 02－86304471

博物馆左侧，面对阳光广场。

景点1 台北县立十三行博物馆

十三行博物馆的建立，有利于十三行遗址的保存及推广，并发挥其教育作用，是台湾考古博物馆的一个里程碑。

博物馆的建筑特殊，建筑群分别表达山与海、过去与现在的意象。十三行博物馆与社区共同推动「水岸、社区、博物馆」的总体营造，与居民共创淡水河口另一个魅力新故乡。

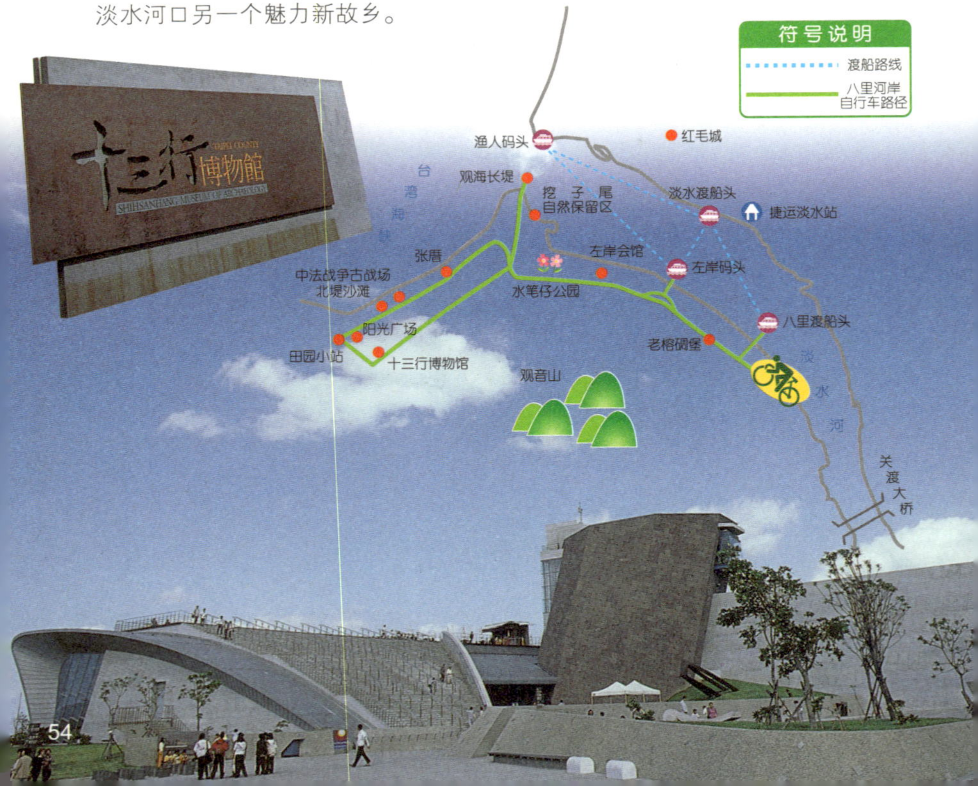

景点2 挖仔尾红树林自然保留区

挖仔尾保留区是水笔仔、和尚蟹、招潮蟹、弹涂鱼、候鸟等动植物的天堂。景观宽阔的观景台，可以观察红树林生态、眺望淡水河畔风光。

【八仙海岸】

八仙乐园的魅力，就在充分享受水上活动的刺激与满足探险的好奇心，拥有14种水上设施、25条滑道的水上乐园，适合所有年龄层玩乐。有老年人喜爱的SPA和漂漂河，也有适合小朋友的欢乐加勒比、儿童戏水区。

- 台北县八里乡下罟村一邻下罟子1－6号
- 02－26105200
- 中山高（“国道”一号）→五股交流道往八里，沿指标行驶即可到达。
- 搭捷运淡水线至关渡站下车，再转乘红22公车直达

设施1 天池滑道

最受欢迎的天池滑道，每到假日总是大排长龙，400公尺长的滑道，是东南亚最长的滑水道，在玩乐过程中不仅可远眺观音山及台湾海峡，更可享受与情人水中漂滑的浪漫。

游玩路线 3

九份 2.5 → 金瓜石

【九份】

九份为昔日的采金聚落，环山面海，云海、芒花、海洋……拥有变化多端的山海美景，保有纯朴的旧日生活风貌，成为赏景休闲的热门去处。基山街和竖崎路为九份最热闹的商店街，怀旧茶坊商店林立。

- 中山高("国道"一号)→八堵交流道→2丁省道、102县道经瑞芳可抵。
- 于基隆或瑞芳搭乘往金瓜石的基隆客运可抵九份。

美食1 赖阿婆芋圆

- 台北县瑞芳镇基山街143号
- 02－24975245
- 一杯30台币

选用大甲质地优良的芋头，手工制成香Q易嚼的芋圆；绿茶圆为店家研发出的新口味，淡淡茶香，是搭配芋圆的另类选择。

民宿1 云山水小筑

台北县瑞芳镇金瓜石石山里山尖路93－1号

02－24962201

山峦翠绿、云淡风清里，站在云山水小筑，不论从任何方向看都是云、山、水，淳朴的房子隐藏当地人热情的招呼，听他们的详细解说，揭开金瓜石从绚烂归于寂静背后的神秘面纱。想知道金瓜石怎么玩，找云山水小筑准没错！

◀ 60年代淘金盛况时的引水道，是鍊金所用的输水管道，后来淘金停止了，便成了小孩们游玩嬉戏的地方。

民宿 2 马克村庄

台北县瑞芳镇九份基山里汽车路86号

02－24972889

“国道”1号瑞芳交流道出口，接台2丁线道路往瑞芳，转102县道至九份，沿指标可抵。

于基隆或瑞芳火车站搭乘前往九份、金瓜石的基隆客运，在天判堂站下车可抵。

马克村庄拥有欧式风情建筑特色，依山面海，视野极佳，让游客快速体验唯美的感受。庭院设有桌椅供人小憩、品茗、赏月、看海、观星，自在逍遥，尤其适合浪漫情侣和三五好友，假日一起来享受九份山城的绿意。

美食 2 阿兰芋粿

台北县瑞芳镇九份基山街90号

02－24967795

阿兰芋粿专卖店，不但采现炸、现包的方式，当然在口感上也是香Q美味，无懈可击，现做现卖是保持好口碑的主要原因。

民宿3 我好幸福

台北县瑞芳镇金瓜石新山路16号

02－24961566

在主人的巧手经营下，将一座荒废石屋转化成结合民宿、美食、咖啡的小店，在清新的空间中，没有繁杂的事物，只有悠闲宁静的感受。焗烤饭、咖哩饭、时蔬意大利面都是老板的拿手餐点。

美食3 天空之城

台北县瑞芳镇九份轻便路308号

02－24967767

红砖外墙、拱形回廊，宛如一座通往天空的红色城堡，老板将茶艺、陶艺、绘画艺术融入生活，在九份创造一个休憩的空间。店家提供中西复合式的餐饮，不论大餐或轻食都有很多选择。

游玩路线 4（东北角）

鼻头角 4 → 龙洞南口海洋公园 8.5 → 盐寮黄金海岸 3 → 龙门露营渡假基地 1 → 龙门公园 1 → 福隆蔚蓝海岸

【鼻头角】

鼻头角和富贵角、三貂角合称为「北台湾三角」，以鼻头隧道分为龙洞湾公园与鼻头港，鼻头港服务区内提供多样的海鲜。过了隧道后就是龙洞湾公园，此处的地形是以礁岩、矶石为主，适合从事潜水和矶钓等的水上活动。

1. 中山高（“国道”一号）→八堵交流道→2丁、2号省道东行可抵。
2. 基隆市→中正路→2号省道东行可抵。

于台北北站搭乘往罗东的国光客运；于基隆搭乘往福隆的基隆客运均于鼻头站下车。

【龙洞南口海洋公园】

位于鼻头角南方的龙洞南口海洋公园，是东北角管理处设置的海滨生物教室，主要的建筑物是如城堡的建筑，有三座海水游泳池，水深是随着潮汐来做升降，若是幸运的话，还可和鱼儿们同游呢！游客服务中心二楼还有相关的展示区，展示海岸的生态，有难得一见的活珊瑚。

台北县贡寮乡和美街48号

02－24902717

中山高（“国道”一号）→八堵交流道→2丁、2号省道往宜兰可抵。

于台北市、基隆搭乘往罗东的国光客运、或往花莲的大有巴士，均于龙洞南口海洋公园下车。

【盐寮黄金海岸】

盐寮海滨公园占地约80公顷，海岸线长达3公里，是东北角海岸特定区幅员最宽广、游憩设备最完善的景点，有游客中心、亲水公园、露天咖啡、自行车道等设施。

游客中心是仿唐式的建筑，处处充满了古典的气息；还有一座抗日纪念碑，纪念马关条约割台时当地居民群起抵挡日军的历史。

台北县贡寮乡研海路45号

02－24902991

中山高（“国道”一号）→八堵交流道→2丁、2号省道往宜兰可抵。

于台北市、基隆搭乘往罗东的国光客运、或往花莲的大有巴士，均于盐寮站下车。

【龙门露营渡假基地—龙门公园】

龙门公园露营区设施包括汽车营位、木板营位、草皮营位、团康活动场、坎事场等，充足的设备让这里曾举办过世界露营大会，还有造型优美的亲水区，足可媲美冬山河亲水公园。园内休闲设施众多，单车道、游泳池、烤肉区等，可谓一应俱全。

台北县贡寮乡福隆村兴隆街100号

02－24991791～3

中山高（“国道”一号）→八堵交流道→2丁、3号省道往宜兰可抵。

于台北市、基隆搭乘往罗东的国光客运、或往花莲的大有巴士，均于龙门公园下车。

【福隆蔚蓝海岸】

福隆蔚蓝海岸为东北角海岸重要的休闲据点，全区广达40公顷，未来并计划改建为大型渡假村。海岸拥有优美的沙嘴地形及长达3公里的沙滩，如此的优势，再加上交通方便，使得此地一到夏天，弄潮客就将整片沙滩点缀得缤纷艳丽。

台北县贡寮乡福隆村福隆街40号

02－24991211～6

中山高（“国道”一号）→八堵交流道→2丁、2号省道东行可抵。

1. 于台北市、基隆搭乘往罗东的国光客运、或往花莲的大有巴士，均于福隆站下车。
2. 搭乘宜兰线铁路于福隆站下。

游玩路线 5

碧潭风景区 →(20)→ 乌来温泉乡 →(20)→ 内洞森林游乐区

【碧潭风景区】

碧潭位居新店溪中游，横跨潭上的碧潭吊桥是最著名的景观，与新颖的北二高碧潭桥则形成强烈对比。河岸亲水公园及小木屋商店，增添了西岸的游憩性。黄昏时，潭面笼罩在一片霞光之中，夕阳余晖，美景无限。

碧潭风景特定区管理所

地址：台北县新店市新店路207号3楼　　　电话：02－29131184

二高（"国道"三号）→新店或安坑交流道→中兴路或环河路、北新路→转新店路可抵。

搭乘捷运新店线；或644、650、绿1、绿13等公车，均于捷运新店站下。

【乌来温泉乡】

乌来温泉为弱碱性碳酸泉，饭店及餐厅大多分布在乌来街上，配合樱花季游赏泡汤，仿若身处仙境。乌来空中缆车亦是当地地标，以瀑布对岸为起点，瀑布顶端为终点，横跨南势溪上空，顶端有云仙乐园（供住宿），是观光景点之一。

二高（"国道"三号）→新店或安坑交流道→中兴路或环河路→9、9甲省道可抵。

于台北市或新店搭乘往乌来的新店客运，在终点站下车可抵。

温泉1 花月温泉馆

台北县乌来乡温泉街39号

02－26617779

走过乌来老街，徒步横跨南势溪的揽胜大桥，转个弯即可到达座落于温泉街的「花月温泉会馆」。米色典雅的欧式建筑外观，宛如三月鲜艳饱满、枝展绽放的盛开樱花，为乌来老街注入一股人文气息。

温泉2 乌来名汤温泉会馆

台北县乌来乡乌来村啦卡路38号

02－26616161

乌来名汤除了有绝佳的视野外，这可浴可饮、无色无味的碳酸氢钠泉，不仅有美白的效能，更含有健胃益肠的矿物质，而成为游人的最爱，不论是泡汤抑或是泡茶，都少不了这来自天上的山泉水。

温泉3 泰雅达利温泉会馆

台北县乌来乡乌来村环山路156号

02－26616670

泰雅达利温泉生活馆位于地势居高临下的乌来村环山路上，走进泰雅达利，立即感受到浓浓的原住民风情，泰雅族图腾成了装潢设计的主角，西班牙画家达利的超现实画风与五星级饭店的空间规划，提升了泡汤的精致度。

温泉4 巨龙山庄

台北县乌来乡忠治村堰堤85号

02－26616333

「接近大自然」是巨龙山庄的泡汤理念，半露天式的泉池，分男汤「养生池」及女汤「仕女池」。浸泡养生池里，在南势溪潺潺流水声相伴中，泡汤还可欣赏到洪荒峡谷嶙峋巨岩的美，体验人生一大享受。

美食推荐 以茶入肴是巨龙山庄一大特色，有可口的茶饼、茶冻及茶肴，「乌龙熏鸡」是山庄的招牌菜，可以感受到茶味随着鲜嫩鸡肉完全化开的生津美味，滋美味香令人难忘。

温泉5 小川源

台北县乌来乡乌来街32号

02－26616222

小川源紧邻南势溪，是离乌来温泉源头最近的温泉馆，浸浴在宽阔的温泉池中，领受身心在泡汤后的淋漓舒畅。目前馆内设有八间室内汤屋及男女分开大众裸浴泡汤池，是喜爱隐密泡汤游客的最爱。

【内洞森林游乐区】

内洞森林游乐区旧称娃娃谷，有森林、瀑布、水潭、溪流及浅滩等多种景观，充满自然野趣，是从事自然观察、享受森林浴的好去处。水质清澈的南势溪及其上游支流内洞溪汇流贯串园区，行走林间满眼尽是充沛绿意、潺潺水流。

乌来→往信贤的乡道可抵。

于乌来搭乘新店客运往信贤沿指标可抵。

游玩路线 6

满月圆森林游乐区 → 9 大板根森林温泉渡假村 → 11.5 三峡 → 4 莺歌陶瓷博物馆

【莺歌陶瓷博物馆】

全台湾首座陶瓷专题博物馆，建筑深具现代感，展出传统与当代陶艺的演变史。有「台湾景德镇」美称的莺歌镇，是一个赏陶买陶，认识陶的最佳景点。

台北县莺歌镇文化路200号

02－86772727

二高（“国道”三号）→三莺交流道→110县道（文化路）可抵。

搭乘纵贯线铁路于莺歌站下；于台北市搭乘联营702路、或于桃园搭乘往三峡的桃园客运，均于陶瓷博物馆站下。

景点 1 陶瓷街

莺歌的陶瓷产品，大都集中在火车站前的文化路、中正路、中山路及老街尖山埔路等，陈列的商品以茶壶、花瓶为最大宗，各种制陶手法在此皆可看见，诸如手拉胚、灌浆胚、造型壶、原色陶、上釉陶等各种不同形貌、风味的陶瓷品。

【三峡】

三峡昔称三角涌，旧时炼樟业、茶业、染布业以此为集散地，因而造就出繁华的景况。今天老街上进驻了许多民俗艺品店，增添浓浓的怀旧气息。

三峡的老街屋集中在民权路与中山路一带，以民权路较为完整，民权路原名三角涌街，是早期的市集中心。老街屋虽不华丽，但气势连贯，红砖砌成的拱廊弯曲而成优美弧线，令人发思古之幽情。

二高（“国道”三号）→三莺交流道→中山路、民权街即抵老街。

于台北市搭乘联营702、703、705路、首都客运往三峡；或于桃园、莺歌火车站搭乘往三峡的桃园客运，均于三峡下车。

▲ 三峡老街

景点1 三峡清水祖师庙

台北县三峡镇长福街1号　02-26711031

有「东方艺术殿堂」之称的三峡祖师庙，创建于乾隆三十四年（公元1769年），供奉清水祖师。庙宇一梁一柱的建筑工艺，都展现了中国传统寺庙艺术的极限。农历正月初六是三峡最大庙会，传统的祭典与民俗阵头及猪公大赛，值得亲临参观。

景点2 三峡历史文物馆

台北县三峡镇中山路18号　02-86743994

三峡历史文物馆位于旧镇公所内，有关三峡地区的历史、文化、古迹保存等都有详尽的介绍展示。除了馆内的展览之外，已有80年历史的旧镇公所建筑也相当古色古香，值得一看。

【大板根森林温泉渡假村】

大板根是台湾北部唯一的雨林板根区，令人叹为观止的大型板根、巨藤、林海，称得上是一座「热带雨林植物宝窟」。除此之外，渡假村还有露天温泉SPA、温泉汤屋、观景温泉、渡假别墅、宴会餐厅、景观庭园、烤肉区、森林步道……等设施，是一处质、量兼俱的度假去处。

- 台北县三峡镇插角80号
- 02－26749228
- www.dabangan.com.tw
- 二高（“国道”三号）→三莺交流道→110县道、3号、7乙省道→凑合→沿指标可抵。
- 于三峡搭乘熊空线的台北客运，至插角大板根站下车。

特别介绍【板桥林家花园】

林家花园本名为林本源园邸，初建于清光绪14年，面积达17310坪，景观规模之盛，全台无人可比，目前为台湾二级古迹。

花园内的建筑以定静堂为中心，西边为一大池塘，池畔环绕着梅花坞、海棠池、钓鱼矶等数个凉亭，亭阁之间并有小径相通，假山、草木环伺，景色极为清幽，水面上横跨一座半月桥，更添雅静之气氛。林家花园的建筑气宇非凡、风景雅致，是板桥地区一处寻幽访古的胜地。

- 台北县板桥市西门街9号
- 02－29653061～2
- 二高（“国道”三号）→中和交流道最左匝道→中正路→中山路→接板桥民族路、民权路、遇公馆路再左转可抵。
- 搭捷运板南线至新埔站，走1号出口搭乘台北客运310于北门街站下车可抵；搭乘310、701、蓝三路等公车于林家花园站下。

特别介绍【平溪小镇铁路风华】

来平溪，真不是普通的好玩；在怀旧铁道旁骑单车，静享山水田园景致；再试试天灯DIY，当自己的天灯在天空翱翔，成就感与幸福浓郁心房。这一切好吃的好玩的，都在平溪等着你！

注意事项：平溪乡境内无加油站及修车厂，需做好车辆安全检查并将车辆加满油，才宜进入本乡活动。

1. 台北→辛亥路接北二高→16K处转北宜高→在石碇交流道下→瑞芳→接106县道→可抵平溪。
2. 汐止新台五路保长坑→接汐平公路转106县道→可抵平溪。

1. 自公馆坐236、530、660路公车→至马明潭或木栅一分局站→自台北客运木栅总站坐15路或16路→平溪。
2. 搭乘捷运至木栅站下车→台北客运15路或16路→平溪。

火车：北回铁路往宜兰、花东方向→侯硐或瑞芳站下车→转乘平溪线→平溪站。

民宿1 明通雅舍－平溪的家

台北县平溪乡石底村石底街52号

02-24952145

明通雅舍是认识平溪、菁桐的好管道。提供民宿、单车出租、天灯制作施放、套装行程、导览谘询等服务。套、雅房干净舒适、价格公道，提供一个住宿休息的好环境。

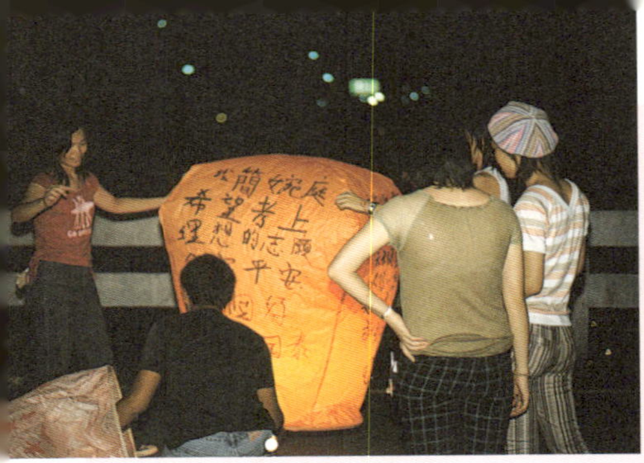

景点1 平溪老街

老街就是老街，这里每一家店、每一样小吃、每一个人都是「纯朴」。依山势而建的老街形态，其中还藏了一些防空洞及矿坑，想到这些私房景点参观，可询明通雅舍的小导览员们。

景点2 菁桐车站·老街

为全台仅存4个木造火车站之一的菁桐站，旧旧的感觉彷佛让时光倒流，车站内有许多老铁道器具，目前仍在使用，像是紧急电话、电气路牌闭塞器等。洋溢丰美的人文气息，来车站、老街走走，品尝老店的小吃风味，菁桐就是这么吸引人。

◀ 平溪的台柱－日本侵占时期的老邮筒

美食1 平溪芋圆店

平溪乡平溪街18号

芋圆冰一碗25台币

真材实料好吃的东西，总是连本地人都爱吃，强力推荐芋圆冰。

▼往东势格途中可见独特的牛轭地形

美食2 怡如小吃店

平溪乡中华街60号

想要饱餐一顿就来怡如小吃店准没错。平溪的特产小吃在这里都可以品尝到，像是剑笋、鸡卷、溪虾等。价格公道，想尝鲜的饕客可千万别错过。

景点3 石底煤矿洗煤场·降煤柜

洗煤场的原理是用水的比重原理，将煤矿与其他杂质、石头分开，而选出来的煤矿，在清洗好之后，运送到降煤柜，就直接从降煤柜中「落」到火车上，运送出去，很神奇吧。

景点4 十分瀑布

台北县平溪乡南山村乾坑路10号

02-24958531

自106号县道向铁路方向前进可到瀑布入口，自入口处步道上铁路桥，在桥上可看到眼镜洞瀑布。续行不久后即可见到十分瀑布，丰沛的瀑水如千军万马之势向下奔腾，像一片大型帘幕，气势不凡。

❶

桃园县 *Taoyuan*

大溪老街回廊光彩夺目,回溯繁华时光,悠悠长长……游逛灿烂花海、飘香豆干、清秀山林、瑰丽莲花。

1. 大溪老街奇楼。
2. 大溪桥。
3. 大溪花海农场。
4. “总统”蒋公纪念堂。

大溪老街风情

桃园县

缤纷馥郁的桃花源

当地小吃：

中坜市新明路中坜观光夜市：清粥小菜、豆花、滷味、蛇摊、烤肉、胡椒饼；新屋乡中正路炸鹅肠、下水汤、客家粄条；平镇市平东路白切鸭肉、香煎五花肉、薑丝大肠；复兴路冬粉鱼丸、盐水南洋鱼、瓜子肉饭；八德市广福路烧鸡、盐水鸡；平镇市中山路米干、米线、豌豆粉、云南泡菜；石门水库石门活鱼；竹围渔港、永安渔港海鲜（鳗鱼、黑鲷、乌鱼）。

当地特产：

大溪豆干、角板山香菰、石门活鱼、巴陵红鳟、大溪陀螺、龙潭龙泉包种茶、龟山百香果、龙潭花生糖。

游玩路线 1

大溪小镇巡礼 16.5 → 慈湖 11 → 角板山公园 5.5 → 小乌来森林游乐区 30.5 → 拉拉山自然保护区

大溪小镇巡礼 10 → 石门水库

【大溪小镇—老街】

大溪昔日为繁华商港，巴洛克式华丽洋行林立，从今天的老街景象，仍可一窥旧日风采。散发悠悠古意的大溪老街，除了传统木器行外，还有名闻遐迩的黄日香豆干及打铁、打石等传统行业，是大溪最珍贵的文化资产。近年来兴起的艺品店、咖啡座，为大溪老街增加了丰富度，徒步漫游是最悠闲的选择。

二高（“国道”三号）→大溪交流道→3号省道→经武岭桥抵大溪。

于桃园市、中坜搭乘往大溪的桃园客运。

美食1 黄日香豆干本铺

大溪镇和平路56号

03-3882546

黄日香豆干是三代经营的百年老店，本店位于和平路老街上，巴洛克式的华丽建筑，形成中西相融的特殊现象；以花卉等立体浮雕为装饰，富涵着平安、如意的象征。首推的产品为黑豆干及姜丝豆干，精选优良黄豆，以传统独特的汉方调配制造，保有新鲜与原味。

美食2 里长嬷碗粿

大溪镇和平路79号

里长嬷碗粿是和平老街上知名的特色小吃；除了碗粿外，古老的建筑外观亦十分值得一看，建筑表面装饰西式花草，呈现出艺术的美感。

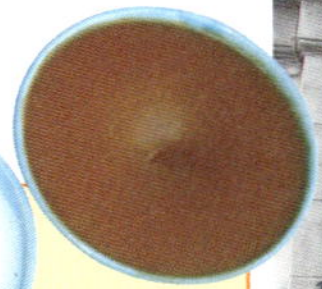

美食推荐

碗粿

里长嬷最推荐的咸碗粿和黑糖碗粿，纯以在来米炊蒸，加上脆爽的萝卜干和爆炒过的香菇、虾米，淋上大溪特产的蒜汁金兰酱油，叫人垂涎三尺；此外，黑糖及绿茶口味的碗粿也十分可口。

景点1 武德殿

大溪武德殿落成于1935年，在日本传统社殿造型的外观下，却是采用洋式的大木横架，并以平板石绵瓦铺砌屋面以模彷紫铜瓦的效果。旧时日本警察官员在此练剑道，现在已成为一个观光的热门据点，见证台湾的历史。

武德殿

景点2 富田花园农场

桃园县大溪镇福安里埤尾20－1号

03－3872540

大溪市区→7号省道→慈湖前1 k 沿指示标可抵。

你以为来到了日本北海道吗?

连绵的花田景观就像一块拼凑而成的七彩花布，美得令人心花怒放。园内的造景设计都是富田的主人们，亲自到北海道实地走访后，所带回的灵感。他们希望在台湾这块土地上，也能长出一片浪漫的花田，让游客有一处舒放身心的场所。

花田有高低起伏的缓坡，再加上弯曲的沟渠，延伸出花的无限视野。花园内薰衣草和向日葵是最注目的主角，而其他各式草花，有玛格利特、波斯菊、凤仙花、大麦……等，万紫千红融成一幅赏心悦目的丽景。

景点1 大溪花海农场

桃园县大溪镇福安里四邻埤尾7－1号　03-3880801

大溪→7号省道往慈湖可抵。

随着春神的脚步，花海农场里的花儿更娇媚了，一片红、一片橘、一片紫……真的就像花海一般的美景，让全家大小可以一同徜徉。尖顶的欧式餐厅，可以享受异国风情的浪漫；一旁还有饲养着马匹和白兔的农舍，好一幅农村风貌，园区悠闲的气氛，就这样感染了每个人。

【慈湖】

慈湖是著名景点，位于桃园大溪镇，分前后两湖，依山傍水，风景秀丽，颇有江南山水之风貌；后湖紧邻溪洲山脉，起伏之峰峦宛如蛟龙，又有「近龙湖」之称。蒋公陵寝及行馆选择此地，座落于青山绿水间。

03－3883552

08：00～18：00

大溪→7号省道可抵。

于大溪搭乘往复兴、巴陵的桃园客运，于慈湖下车。

【角板山公园】

角板山公园位于角板山西南侧，四季气候温和，群峰罗列，气势不凡。到公园首先映入眼帘的，就是枝桠相连的翡翠拱门；这是当年蒋公与夫人亲手植的两棵合抱榕树；园内古木参天，十数棵高大的枫树，在深秋时常引人驻足遐思；公园一隅有石阶可抵大汉溪畔，并有吊桥联系对岸的溪口台地。

复兴青年活动中心
03－3822276 供食宿

大溪→7号省道至复兴可抵。

于大溪搭乘往复兴、巴陵的桃园客运，于复兴下车。

【小乌来森林游乐区】

小乌来森林游乐区以瀑布群和峡谷为主要特色，主要的景点有小乌来瀑布、龙凤瀑布、风石等。小乌来瀑布由于地理位置的缘故，必须在公路的观瀑亭远眺，遥观其风貌。前往龙凤瀑布沿途有吊桥和栈道，绿意十足；区内亦规划有人行步道，可以通往各个景观点。

小乌来森林游乐区
地址：桃园县复兴乡义盛村42号
电话：03－3821235

复兴→过霞云桥后左行即抵。

于大溪搭乘往小乌来的桃园客运，于终点站下车。

【拉拉山自然保护区】

拉拉山，在泰雅族[1]语中为「美丽」的意思，为针、阔叶树混合之原始天然林，尤以红桧巨木群最为著名，为北横公路上脍炙人口的旅游胜地，在神木集中区域辟有「桧香小径」，串连起22株古老神木。

拉拉山自然保护区
地址：桃园县复兴乡华陵村上巴陵
电话：03－3912142

大溪→7号省道→巴陵，后沿指标可抵。

于大溪搭往下巴陵的桃园客运，再转搭计程车。

① 泰雅：部分高山族的自称。

民宿2 福缘山庄

桃园县复兴乡华陵村11邻180－2号

03－3912090

台7线省道→下巴陵，左转到上巴陵往卡拉部落方向即可到达。

福缘山庄是一家隐身于山边水边的房子，脚踩拉拉山，屋旁有卡拉溪流经。目前山庄里种植有蜜李、枇杷、红娘芭乐、雪茄花、山樱花、杏花、凤仙花、茄子、丝瓜、南瓜、木耳、香菇……等植物水果，游客在福缘山庄可以享受到最自然新鲜的食物，来福缘抢鲜，绝对可以乘兴而来、尽兴而归。

民宿3 塔曼山庄

桃园县复兴乡华陵村11邻207－4号（中心路）

03－3912639

塔曼山庄因为位处塔曼山而命名。山庄内占地二公顷，种植了2千多棵的台湾杉木、2百余水蜜桃，主人会作解说，教游客认识果树的生长过程、接枝，及辨识果实是否成熟，摘取汁多味美的水蜜桃享用。

【石门水库风景特定区】

石门水库位居淡水河最大支流大汉溪的中游，在水库四周有许多游乐区，形成一个多元化的游憩地点。由坝底公路直上水库大坝区，可眺望水库全景与两岸风光，丰富的渔业资源，更是孕育大溪地区石门活鱼的最大功臣。

石门水库管理中心

地址：桃园县大溪镇复兴里10邻大溪坪10号　电话：03－4712247

1. 大溪→4、3乙省道→桃63（环湖公路）可抵。
2. 二高（“国道”三号）→龙潭交流道→113县道、3乙省道可抵。

于中坜搭乘往石门水库的桃园或新竹客运，于石门水库站下。

美食1 大溪湖畔咖啡

桃园县大溪镇复兴里湳仔沟21号

03-3888853

大溪→7号省道→慈湖→出百吉隧道右转→承恩路（龙珠湾方向）沿指标可抵。

大溪湖畔咖啡馆窗外的湖畔景致、四季风情和晨昏早晚各有不同的美景，多变的样貌，值得花一整天的时间享受悠闲。以窗外二奶山研发的「双奶咖啡」也是全省唯一，把鲜奶油搅入咖啡里，或是拨开鲜奶油直接品尝，喝下后散发嘴中的是浓郁的黑咖啡口感，甘醇香甜的味道，让你不爱上它都难。

特别介绍

【小人国】

以台湾及大陆的著名景观建筑模型为主，以实景的二十五分之一缩小呈现，不论是建筑或景观，都栩栩如生。另外亦有亚洲、欧洲及美洲各地著名的景观建筑缩小模型。室内游乐场则有云霄飞车、儿童乐园、旋转木马等适合全家人共同游玩的游乐设施。

- 桃园县龙潭乡高原村横冈下60－2号　03－4717211
- http://www.woc.com.tw
- 1. 二高(“国道”三号)→龙潭交流道→3号省道(往关西)→沿指标可抵。
  2. 二高(“国道”三号)→关西交流道→118县道→关西市区→中丰路、中原路(往龙潭)→沿指标可抵。
- 于中坜或龙潭搭乘往六福村的新竹客运；或于台北搭乘联合客运均可抵小人国。

特别介绍

【观音赏莲～吴厝杨家庄休闲农牧场】

水莲、花形硕大的牡丹莲到可盛载约45公斤重量的大王莲等上百种莲花，应有尽有；古早味餐厅的莲子大餐则是利用农牧场内自产的乳肉羊、荷叶睡莲、有机蔬菜等食材制作，口感相当特殊。

- 桃园县观音乡树林村2邻14－2号
- 03－4838510
- 中山高(“国道”一号)→平镇系统交流道，接66号快速道路往西向到底至观音出口后，接台15线西滨公路往北走(勿进观音市区)，至44公里处沿指示标直走往大园方向，过富林国小后至40.9公里处丁字路口左转，沿指标前行约1公里即可抵。
- 桃园火车站→转搭桃园客运往观音方向，于树林站下车，步行20分钟可抵。

【向阳农场】

向阳农场号称拥有全台湾最多品种的向日葵，全年皆为花期，有红到发黑的可可，也有绿色花心的月光，以及花朵直径长达20公分的巨无霸向日葵，都可以在这里看得到。而每年的10月之后，则有薰衣草、黄色海芋等陆续登场，为农场增添不少动人景致。

桃园县观音乡蓝埔村11邻52号

03－4870629

中山高（“国道”一号）→66号快速道路往观音方向，于7.2K处右转后可抵。

中坜火车站→搭乘桃园客运往中坜至观音方向，在东元公司下车，沿指示标步行40分钟可抵。

【九斗村休闲有机农场】

农场主人将有机体验与乡土生活的概念落实于农场中，在园区内，除了有机蔬果专业区外，还设有中央广场、烤肉区、露营区、钓鱼池、展览馆、戏水区等设施，并且规划出有机及蝴蝶生态导览、有机讲座、大地活动、童玩工艺制作、稻草人创意秀等活动，颇受游客好评。

桃园县新屋乡九斗村4邻5号

03－4778577

中山高（“国道”一号）→66号快速道路→看见往头洲方向的指示标下快速道路走慢车道，前进至第一个涵洞左转，沿指示标前行约800公尺可抵。

中坜火车站→转搭桃园园客运往新屋方向，于头洲站下车，步行约15分钟可抵。

①

新竹县 *Hsinchu*

风呼啸，风城砾石台地上，科技新贵族群聚，是现代；山边是泰雅族勇士的桃源幽谷，是原始、是美丽。

1. 南寮港一夕阳
2. 镇西堡优美的深山环境，让人流连忘返。
3. 镇西堡高大的巨木。
4. 镇西堡原始森林样貌。

镇西堡

新竹县

御风在怀旧与现代间

当地小吃：

新埔镇中正路新埔粄条、烟肠；北埔南兴街柿香糯饭、柿子鸡汤、客家汤圆；北埔村擂茶、擂茶冰棒；北埔城门街擂茶、坑口饭、番婆汤、坑口炸蛋；关西镇中山路仙草鸡。

当地特产：

新竹贡丸、米粉；峨嵋乡乌龙茶；香山荔枝、桔酱；新埔柿饼；北埔柿饼、椪风茶；湖口西瓜。

民俗采风：

农历正月15城隍庙元宵花灯、农历2月19竹莲寺观音佛祖祭、农历10月下旬五峰乡大益村赛夏族矮灵祭、农历7月18日到20日新埔镇枋寮义民节。

游玩路线 1

新竹市 —12→ 南寮观光鱼港 —8.5→ 小叮当科学游览区

【新竹市～东门城广场】

东门（迎曦门）建于清道光 9 年，为新竹市重要地标，也是竹堑古城独留至今的建筑物。新竹市政府以环保技术建护城河，规划景观表演台、亲水河道、夜间照明等设施，与中正路、青少年馆、影像博物馆连结成一带状景点。

中山高（“国道”一号）→新竹交流道→光复路（122县道）→中华路→东门街可抵。

于新竹火车站沿中正路步行5分钟可抵。

美食 1 阿城号贡丸・米粉

新竹市北区中山路75号城隍庙内

03－5284517

阿城号里的贡丸，是用传统的木桩机打出来的，在新竹维持传统做法的贡丸已不超过五家，想要吃到百年历史的炒米粉和手工贡丸，不到这儿来，可就太可惜了。

美食 2 阿忠冰店

新竹市中央路82号

03－5214095

冰吃起来口感绵密，由于糖水是以凤梨熬汁，因此特别香甜爽口，是一家就算排队也要吃到的店。

【南寮观光渔港】

规划整齐的南寮渔港，远远地就可以看见满天飘扬的风筝，在无云的晴空中飞翔。许多游客会专门来南寮渔港买生猛海鲜，不论近海或远洋鱼类、蚌、蟹、虾等各式海鲜应有尽有。来南寮渔港一定要点最有名的鲜鱼汤和吻仔鱼羹。其他如海瓜子、炒珠螺、炸蚵、炸石斑、炒鲜蚵、炒花枝等，也都非常好吃。

南寮渔港渔产品直销中心

地址：新竹市东大路四段新港1－9号

电话：03－5366210

中山高（“国道”一号）→新竹交流道→光复路（122县道）→南大路左转过东大路桥，沿东大路直行可抵。

于新竹火车站搭乘15路公车，于终点渔港站下车。

特别介绍

【六福村主题游乐园】

六福村为一复合式主题游乐园，除了有紧张刺激的现代游乐设施外，建筑设计、招牌灯饰、表演活动、餐饮、纪念商品等，都具有相当的特色。全区分为美国大西部、南太平洋、阿拉伯皇宫、野生动物王国、童话小镇与欢乐唐人街等六大主题村，为一趣味活泼的旅游休闲国度。未来还将陆续兴建欢乐唐人街、野生动物王国以及童话小镇等主题村。

新竹县关西镇仁安里拱子沟60号

03－5475665

免费服务专线：080－006565

http://www.leofoo.com.tw

1. 二高（“国道”三号）→龙潭交流道→3号省道、桃竹69乡道可抵。
2. 二高（“国道”三号）→关西交流道→118县道→关西→光明路可抵。

1. 于中坜、龙潭、新竹市搭乘往六福村的新竹客运可抵。
2. 台北市有联合、三重、新竹等客运开往六福村。

【小叮当科学游乐区】

小叮当科学园区占地30公顷，是一座结合科学与休闲的游乐区。园区内的游乐设施都是融合了日常生活中常见的科学原理所设计，除了科技知识的设施外，园区内还有亲水区与景观花园、镭射战场、烤肉区等，提供游客更多元化的休闲选择。

新竹县新丰乡上坑村坑子口102-1号　　03-5592132

http://www.ding-dong.com.tw

1. 中山高（"国道"一号）→湖口交流道→1号省道→竹5乡道(康乐路)可抵。
2. 中山高（"国道"一号）→竹北交流道→光明六路→1号省道→竹5乡道(康乐路)可抵。

于新竹火车站搭乘经球场往新庄子的新竹客运，在小叮当下车。

游玩路线 2

北埔之旅 16 → 内湾风情 3 → 尖石 27 → 秀峦 125 → 司马库斯·镇西堡

【北埔之旅】

今天的北埔，仍完整保存客家聚落的型态，迂回的巷弄、紧密相连的街屋，在在说明了移民的历史。贩卖怀旧小玩意的古味店家，在假日竟也挤的水泄不通，足见怀旧的观光人潮是越来越多了。北埔以客家风味美食为主，北埔街、庙前街、南兴街上都有特色餐饮店。

1. 中山高（"国道"一号）→头份交流道→124县道往三湾→珊珠湖左转3号省道→峨眉→北埔。
2. 二高（"国道"三号）→竹林交流道→120、123、122县道→竹东→3号省道→北埔。

于竹东搭乘往珊珠湖、南坑、狮山的新竹客运，于北埔站下。

景点1 北埔冷泉

内大坪冷泉又称为北埔冷泉，为全省目前发现仅有的两座冷泉之一，位于外坪村大坪溪谷中，泉温夏天约15℃，冬天约10℃，为自然的涌泉，对治疗香港脚、顽癣等皮肤病具有相当的功效。

景点2 绿世界生态农场

绿世界生态农场占地约７０公顷，为一国际级的生态农场。以动物、植物的自然生态，搭配非洲茅草屋设计，结合休闲、娱乐于一体，提供一个亲子渡假的最佳去处。规划有五大主题公园，是自然生态最活泼的展演场，还有金刚鹦鹉区、可爱动物区、亚马逊雨林区、空中植物区、美食天地、绿野广场、竹山茶园、客家古厝文物区……等，数十个景点让游客处处惊奇。

地址：新竹县北埔乡大湖村７邻20号

03－5801000

二高（“国道”三号）→竹东交流道→120县道（富林路）→台3号省道79.5K处左转约行2公里可抵。

景点3 姜阿新宅

北埔乡北埔街10号

03－5804216

这栋北埔最富丽的洋楼，建于1940年，现为金广福文教基金会所在。圆拱门窗精雕细琢，用材细致高雅，足见昔日非凡风光。参观须先向基金会申请。

美食1 客家擂茶

「擂茶」为客家人特有的饮食，除搭配糕饼等茶点食用外，还可在研擂过程中加入米仔、四季豆、豆干等配料，成为营养可口的正餐。北埔的擂茶店，以广福茶坊、北埔擂茶及番婆坑客栈最具代表。

美食推荐 客家擂茶

将绿茶、花生及芝麻等配料，放入擂钵以擂棍研磨，并不时加入少许冷水，续放入紫苏、香菜等材料，待擂钵里的茶浆变成墨绿色后，就可冲入开水一起食用，浓烈的米香、花香味，和着淡淡的茶香，吃起来别具风味。

民宿1 大隘山庄

新竹县北埔乡二寮八邻14号

03－5804502

北埔市区→公园街15巷往大湖方向，依指示标行可抵。

竹东火车站前搭新竹客运，往北埔或往峨嵋班车，到北埔再搭计程车上山庄。

大隘山庄朴实的闽南建筑，幽雅的伫立在翠绿青山中，清新中带点复古风味，山庄里随处可见家的温馨之情，就像回到家一样自在。山庄内呈现清雅韵古的风味，二层楼建筑的客房，古色古香的布置，让人睡得很香甜。坐在屋内的木制桌椅上，每个角落都是风景。

大隘山庄

▲大隘山庄／年代久远的古董床
◀这株五百岁以上的樟木神木，位于北埔乡大林村，还建有一座土地公庙，供游客祈福。

【内湾风情】

坐落在半山腰的内湾，除了环境清幽外，近来还飘起浓郁的咖啡香，聚集许多爱山、爱咖啡的人。隔着内湾吊桥，老街上除了老式建筑外，当地名产也很值得一尝，如野姜花肉粽、紫玉菜包、客家擂茶、麻糬等。老街里还有一间内湾戏院列为三级古迹，馆内陈列的历史照片，引人怀想。

- **内湾单车出租**　内湾村中正路91号旁　03－5848228
- 内湾支线竹东站　03－5962042
- 1. 北埔→台3线省道、120县道可抵。
  2. 二高（“国道”三号）→关西交流道→118县道、3号省道、120县道可抵。
- 于新竹市搭乘内湾支线铁路；于竹东搭乘往那罗、梅花、八五山的新竹客运，皆于内湾站下。

美食1 花想容

新竹县横山乡内湾村15邻38号
0936-508182

花想容外观采八窗造型的木屋，内有一座壁炉，天气冷时，升起熊熊的火，看着窗外内湾吊桥及山岚，分外写意。将巨大的山苏装饰在室内和室外，特别是在入园时映入眼中的薰衣草，将满心的期待之情，催化到最高的境界。

美食2 内湾戏院人文客家菜馆

新竹县横山乡内湾中正路227号
03-5849260

内湾戏院是台湾仅存的木造戏院之一，在老街上是取景的标地物，内部改装为怀旧的杂货铺，墙上挂着电影海报、古意的厨柜和电话，古老的味道飘散在空气中，引人遐想。

店家将客家美食精致化，不论宴客或聚餐都很适宜，未来将于午茶时段推出「怀旧电影院」，点份饮料和点心，就能惬意享受怀旧气氛。

【尖石】

位于溪旁的「尖石」，坚挺雄伟的外形，所代表的是尖石乡民在逆境中与大自然争生活，坚毅不拔的伟大精神；而在山的峭壁上，还发现了用石头刻成的泰雅族勇士，英勇神情，象征着泰雅族人与大自然搏斗的精神，最近这座勇士雕像成了来尖石乡必看的景点之一。

内湾→120县道可抵。

民宿 1 暂时园

新竹县尖石乡梅花村10邻118号

03－5841812

尖石→尖石桥直行，经锦屏停车场(大石头)→前行至锦屏红桥旁直行30公尺，朝左往下行驶→小锦屏部落→前行约500公尺，右边过河→暂时园。

位于山中的暂时园，是一座提供住宿的自然宝库，屋前有锦梅溪横流，溪中有极为丰富的生态，除了溪水潺潺的水声外，有的是人们的赞叹声。由于这里没有光害，可以在园区里看到萤火虫闪烁身影与满空星斗，互相争光的美丽画面。

【秀峦】

泰雅族秀峦部落素以温泉、溪谷景观、红枫美景著称，也是通往养老、新光、司马库斯等深山部落的门户。位于秀峦检查哨附近约100公尺的步程，有处野溪温泉，温度约45度，属于弱碱性碳酸泉。环境干净，还设有一简便更衣室。路过可安排一趟泡汤行程，让精神更有活力。

尖石→右转尖石二号桥→经那罗可抵。

无公车可抵，可由竹东或新竹市包车前往。

【司马库斯·镇西堡】

喜欢亲近山的人，一定有路过原住民部落的经验，几户人家点缀山头，木刻雕饰的图腾伫立路旁，引发无限的想像。司马库斯是尖石乡境内最偏僻的村庄，素有「黑色部落」之名，目前因为神木群和道路的开通逐渐热闹起来。数以百计的红桧巨木已在此地屹立千年，是这片山林最珍贵的礼物；还有挑战体能的司马库斯古道，也是登山者向往征服的路径。

往另一个方向深入山中，便是尖石乡镇西堡–这处鲜少人潮踏访的水蜜桃故乡。目前也有多家民宿经营，带领游客深入神木群，感受千年巨木带来的憾动。喜欢原始林的幽深宁静，镇西堡的森林绝对让你大开眼界。听瀑布溪水涓流而过的潺潺水声，优美的深山环境，让人流连忘返。

尖石→右转尖石二号桥→沿指标可分抵两部落。（泰岗部落之后路况较差，低底盘车辆不宜进入）

无公车可抵，可由竹东或新竹市包车前往。

▲独具风格特色的天主教堂。
◀百花绽放，绿意环绕。
▲6月份盛产的李子。

景点1 镇西堡壮丽的神木群

这座山林连接栖兰山，海拔约1800公尺，正好处于台湾雾林带，很适合桧木、扁柏、铁杉、樟树、栎树的生长，由于保有原始森林样貌，因此聚集有成群的神木。目前森林在规划下，分为A、B两区，每区行程来回约花四到六小时的步程。A区神木群位于基那吉山下凹谷中，海拔约1700至2100公尺，大约有150棵巨木；B区是目前游客最多的一处，步程与A区差约一小时，这儿可看到台湾第一大红桧巨木「夫妻神木」。

民宿1 祖母民宿

新竹县尖石乡秀峦村806号

03-5847723

来泰雅族人的家，就要认识泰雅族的生活习俗。部落巡礼看谷仓、文物馆、森林教室、溯溪捡石头、攀岩、钓鱼、捣麻糬、学泰雅编织。这些丰富的活动行程，就在主人热情的招待里，装满欢乐假期。

景点2 紫色的悠闲——香草的故乡

新竹县尖石乡秀峦村9邻镇西堡10-1号

03-5847763

这座藏在深山中的香草园，目前种植有130种香草。由于高山种植，香草的精油多，容易挥发香味，因此手一摸便沾满香草精油，是与平地栽种的香草不同之处。走入香草的世界，在这里能亲手摘香草、调配味道，做自己喜欢的香草茶，快乐认识香草。

1

苗栗县 *Miaoli*

不甚丰饶的土地，耕读朴实，是记忆中流露的硬颈精神。声声山歌传唱，珍惜这片努力开垦的家园。

1. 达观——大安溪 。
2. 花时间——一处用时间换取悠闲地时间。
3. 大湖采草莓。
4. 水云间庭园咖啡・宁静民宿。
5. 日出温泉度假饭店——优雅的泡汤环境。

飞牛牧场

苗栗县

客家故乡的蓬勃生命力

当地小吃：

头份镇中华路—牛小排、十全炖牛鞭

苗栗市文山里—半天笋炒福菜、紫苏鸭舌

头屋乡象山路—鲴鱼生鱼片、炸蜂蛹

公馆—客家蚵仔煎、姜丝炒大肠

当地特产：

公馆陶器、三义木雕、苑里帽席、竹南金纸、公馆福菜、牛心柿、头屋绿菜、膨风菜、大湖酸柑菜、铜锣菊花茶、大湖草莓，卓兰水果、公馆红枣

民俗采风：

农历正月15元宵花灯、2月㷫龍、3-5月假面艺术节、4-5月桐花季、8月木雕艺术节、国历11月底矮灵祭

游玩路线 1

公馆乡 17 → 泰安温泉区 8 → 大湖乡 16 → 卓兰

游玩路线 2

公馆乡 17 → 泰安温泉区 8 → 大湖乡 19 → 三义木雕村 3 → 胜兴火车站 9 → 鲤鱼潭

为泰雅族栖居地，当年因垦山设有民隘来处理垦务、隘务事宜，所以称为「公馆」。尔后在艺师匠心创作之下，造就了本地陶业的盛况，朝休闲化、观光化发展。此外植栽了大面积的红枣园，成为台湾红枣的最大产地。吃喝玩乐的景点有红枣观光果园、台湾蚕业文化馆、台湾油矿陈列馆、石围遗址、山林景观咖啡馆……等，特产则有公馆陶、福菜、红枣、牛心柿、榨菜、梅乾菜、紫苏梅。

中山高速公路（"国道"一号）→苗栗交流道→台六线→公馆。

美食 1 车枕竹堂

苗栗县公馆乡福星村3邻101－3号

037–231658

公馆→往汶水方向→沿指示标可抵

质朴独特的风味是车枕竹堂给人的第一印象，枕木与竹子是建筑特色，融入自然的山林田野风情。前方一整片青青草地，后方即是菜园，周遭有美丽的花朵点缀，加上新鲜烘焙的咖啡，真可说是景色美、气味佳，让心情为之愉悦。

美食 2 花时间

苗栗县公馆乡福德村福德36–5号

037–230941

公馆→往汶水方向→沿指示标可抵

原是自家居住的小木屋，改造成的咖啡屋，这里是一处用时间换取悠闲的地方。供应的餐点皆为手工现做，并搭配以新鲜香草入菜，让味觉的满足享受，都在香草的清香甜美中释放。风吹声、鸟鸣声和风铃声，与大自然融合。

【泰安·虎山温泉区】

称为「水云三星」的横龙山、虎山和鸟嘴山所包围的泰安温泉，为中部泡汤必游之地。「汶水」在客家语中，就是温泉的意思，此地泉源充沛，属于碱性碳酸泉，泡起来滑嫩细致，具有改善皮肤病、神经衰弱、骨质疏松症、风湿及纾解压力等功效，因而广为众人喜爱。泰安·虎山温泉区风光明媚、群山环抱、溪谷飞瀑，不但可享受山林灵气之美，疲劳的身体更可好好享受温泉洗涤。

- （北上）：中山高（“国道”一号）过丰原接“国道”4→东势交流道→台3线往卓兰、大湖方向→过大湖后转入苗62线→泰安温泉。
- （南下）：中山高（“国道”一号）→苗栗交流道→台6线往大湖→转入苗62线→泰安温泉。
- 在苗栗火车站搭乘新竹客运（大湖、卓兰线）→汶水→转搭计程车至各地。

温泉1 锦水温泉饭店

- 苗栗县泰安乡锦水村72号
- 037-941333
- 同日出温泉渡假饭店（P126）

三层楼的露天浴场，全区以峇里岛风格设计，呈现出浓浓的南洋风味；佐以一流的水疗设施，是结合各国的水疗精髓建造而成。天然石块砌成的水池、从石缝、木板间射出的水柱，衬以山间的丛林鸟叫，恍如沉浸在瀑布间与自然共浴。

温泉2 宏祥温泉/药浴养生园

苗栗县泰安乡锦水村圆墩39号
037－941745
同日出温泉渡假饭店（P126）

因应养生已蔚为时尚风潮，宏祥药浴养生园特与台中县新社乡安石园合作推出「养生药浴」系列，让温泉与药草完美交融，赋予药浴保健新的视界。养生汤在碳酸钙泉水的提炼下，发挥了惊人的魅力，凡是被水亲泽过的每一寸肌肤，皆渗着白里透红的娇嫩。

温泉3 虎山温泉大饭店

苗栗县泰安乡锦水村圆墩73号
037－941001
同日出温泉渡假饭店（P126）

「虎山温泉SPA养生馆」强调温泉「养生」的功效，采裸汤，男汤与女汤分开，各有五个不同作用及功效的温泉池：冲击池、按摩池、气泡池、高温池、及户外露天池。泉质温润、洗后肤质亮丽滑溜，爱美的仕女们可千万不能错过这个深具功效的青春之汤。

温泉4 腾龙温泉山庄

苗栗县泰安乡锦水村横龙山5号
037－941002
同日出温泉渡假饭店（P126）

温馨典雅的小木屋，闲适地排列在幽静的山庄内，套房窗外山林罗列，是难得的乡村生活体验。温泉直接取自泰安温泉，水质纯净且温度适中，提供私密空间的室内个人池，适合个人和家人共同使用。

温泉5 日出温泉度假饭店

- 苗栗县泰安乡锦水村横龙山34号
- 037-941988
- 中山高（“国道”一号）→苗栗交流道→台六线经公馆→汶水(雪霸“国家公园”管理处）→左转苗62线，沿山路上行可抵。
- 在苗栗火车站搭乘新竹客运（大湖、卓兰线）→在汶水法云寺下车→再搭计程车（12公里）即可到达。

雕琢奇特的石柱、随风摇曳的椰子树……为日出温泉营造出浓厚的南洋风味。日出的超优个人汤屋，营造一个幽雅的泡汤环境，可以欣赏到周边碧绿怡人的山野风光，绿意漾满偌大的空间，可以拥有最私密的享受，泡一个畅快舒坦的温泉浴。

【大湖乡】

大湖因盛产草莓而有「草莓故乡」之称（11月～4月盛产），近几年来农民大力栽植向日葵，使得夏日的大湖淹没在橙黄色的花海里。吃喝玩乐的地点有观光草莓园、法云禅寺、小洞天瀑布、大湖农村休闲酒庄、大寮村的马口鱼保护区、涂敏恒故居、马拉邦古战场；农特产品有草莓、桃、李、高接梨、横山梨、茶叶、生姜、甜玉米、苦瓜、柿子、柑桔。

中山高（“国道”一号）→苗栗交流道下→公馆→台6线→汶水→台3线→大湖。

在苗栗火车站搭乘新竹客运（大湖、卓兰线）→大湖站下车。

景点1 采草莓乐无穷

邱 巧大草莓园

0931-531308

冬春之交，鲜红动人的草莓，掳获了游人的心与味蕾，全家一起来感受这农村乐，幸福其实很容易的。沿着台3线省道一路走，可见成片翠绿的草莓园；特别推荐巧大草莓园，农药用量少，果实硕大而肉质香甜结实。

景点2 大湖农村休闲酒庄

苗栗县大湖村富兴村8寮湾2-4号（台三线旁可见）

037-994986

营业时间：09:00-17:00

想尝尝红艳香甜的草莓化成水果酒的另类滋味吗？或者品尝以草莓酒为基底所制成的酒香冰淇淋，感受这大人口中所说的恋爱滋味？大湖地区盛产品质优良之草莓，因此在制酒过程中皆采用高品质的草莓酿制，到大湖采草莓时，可别忘了到酒庄品尝国人自制的草莓酒。

景点3 马拉邦山赏枫

大湖→台3线→南湖→苗52县道→东兴村→淋漓坪有叉路需左转→苗52－1县道→东兴国小，自行开车者可续上驶直抵标高约900公尺的天然湖登山口。

在苗栗火车站搭乘新竹客运（大湖、卓兰线）→大湖→转搭往武荣班车至东兴口站下，步行可抵。

马拉邦山除了闻名的枫红外，更以幻化的云海叫人心动，枫红期约在12月上旬～1月上旬间。马拉邦山标高1406公尺，长年云雾飘缈，山中竹林至古战场纪念碑一段，是最棒的赏枫景点；山顶则是极佳的观山据点，登上瞭望台，可观览大霸尖山、雪山、乐山等名山。另外马拉邦山春天的桃花、冬日的寒梅，也都各具姿色，美不胜收。

【卓兰镇】

卓兰生产的水果依不同时令季节种类繁多，有「水果之乡」的美誉，其中尤以软枝杨桃最为著名，另外尚有葡萄、大梨（横山梨）、柑橘等，一年四季都有水果生产。内湾是卓兰观光果园最密的地方，以杨桃、葡萄、枇杷、大梨为主。吃喝玩乐的景点有大克山森林游乐区、观光果园。近来转型改以休闲化经营，因而有花露农场、梦田……等咖啡屋林立。

中山高（“国道”一号）→三义交流道→130号县道→台 3 线→卓兰。或大湖→台 3 线左转往卓兰方向→卓兰。

在苗栗火车站搭乘新竹客运（大湖、卓兰线）→卓兰。

景点1 大克山森林游乐区

苗栗县卓兰镇坪林里99－7号

04-25921337

大湖→台 3 线→卓兰→依路标前行到协成站→转产业道路约2. 9公里就可到达。

在苗栗火车站搭乘新竹客运（大湖、卓兰线）→卓兰站下车，再转搭往坪林的新竹客运，在协成站下车，再往东行走约2. 9公里就可到达。

大克山广布原始林，草木花卉茂盛，保存台湾仅有的榉木神木、佳冬神木，规划有森林步道、果园、露营烤肉区，冷泉养身池、香草蒸气浴……等多项设施，当然也有餐饮服务，适合合家同游渡假。

景点2 梦田香草

苗栗县卓兰镇西坪里37号－2

04-25895892

大湖→台 3 线左转往卓兰方向→于147. 5 K 处见金叶山庄左转上山（沿途有指示标）

美丽雅致的庭园和温室花园，香草植物散发淡淡幽香，游客马上感染这里的恬静与悠闲。在悠扬的音乐声中，一边欣赏卓兰落日，一边享用精致的香草餐，此等乐趣，等待游客心领神会。

【三义乡】

三义是台湾著名的木雕村，有全台唯一的木雕博物馆，水美街上近200家木雕工作室林立，造就了许许多多的木雕艺术家。水果以桃、李、温洲蜜柑为大宗，此外尚有龙腾断桥、胜兴车站周边、西湖度假村等景点，目前县府推出了三义采风观光列车可供畅游三义。

1. “国道”1→三义交流道
2. 大湖→台3线右转往鲤鱼潭方向→130号县道→三义

景点1 水美街（木雕形象商圈区）

由高速公路下三义交流道，顺着台13线北上约一公里的路程即可达到，水美街上聚集了二百多家木雕艺品店，琳琅满目的雕刻品，令人目不暇给，是三义木雕产业的代表区域。

景点2 木雕博物馆

苗栗县三义乡广盛村广声新城88号

037-876009

台13线转入130线往苑里方向→上坡行至坡顶右转即可抵。

台湾唯一以木雕艺术为专题展示的公立博物馆，搜集保存珍贵木雕艺品，每月都定期举办木雕师傅作品个展及专家学者讲座，为台湾木雕艺术的教育展示中心。

【胜兴车站怀旧之旅】

原名十六份驿，建于1907年四月，是山线铁路的最高点，其特殊造型优美古意，是台湾老式车站中仅存的典范，在怀旧风盛行的今日，吸引了大批的复古迷前来取景留念，成了走进隧道探险的新风貌。周边有许多特色餐饮及名产，俨然已成为新兴观光胜地。

中山高（“国道”一号）→三义交流道→台13线→沿指标可抵。

山线纵贯铁路于三义站下车，转搭计程车。

美食1 铁路餐厅

苗栗县三义乡胜兴村88号

037-870901

保存了早期的铁路文化，置身其中彷如时空就此停在过往。以客家菜肴起家的铁路餐厅，有许多诱人的特制招牌菜，除了福菜汤、姜丝大肠之外，还有以竹筒炊蒸料理的竹筒炒虾、竹筒蒸鸡及油鸡等，令人垂涎三尺。

美食2 山那边·绿叶方舟

苗栗县三义乡胜兴村34号

037-875868

保有优美的原始林相，及随四季更迭的花开花落，深藏在森林中的一叶方舟，正要启航。搭上这只船，欢迎你来这儿听风赏花，与鸟儿嬉戏。绮丽的风景，共邀大家分享。

绿叶方舟主要供应西式精致餐饮，非假日特别供应主厨私房菜，须先预约。森林五叶松汁是这里的特产，用最新鲜的五叶松榨汁而成，原汁原味，好像把大自然的气息都喝进肚子里啰！

【龙腾断桥】

以糯米加石灰为粘浆接合红砖为桥身建材，曾经是台湾铁路的艺术极品，关山大地震后虽已寸断，然斑驳的砖红桥身在蓝天白云映照下依旧闪闪动人。目前与胜兴车站并列为旧山线二大热门旅游景点，是台湾铁道文化的经典代表。

中山高（“国道”一号）→三义交流道→台13线→苗 49号乡道可抵。

民宿1 向阳田园

苗栗县三义乡龙腾村9-5号

037-874028

中山高（“国道”一号）→三义交流道→行经西湖渡假村大门口，沿龙腾断桥方向，再转胜兴火车站方向行驶，住于旧山线铁路旁。

一处与世无争的世外桃源，欢迎大家一同来享受乡野的宁静，春天欣赏雪白的油桐、秋季观看多彩的青枫。主人为了让游客有一趟知性、怀旧的田园之旅，特别规划了一系列的导览解说活动，景点有二号隧道、胜兴车站、绿色步道、龙腾断桥、雕刻博物馆等。

民宿2 久松客栈

- 苗栗县三义乡龙腾村龙腾3-2号
- 037-875493
- 中山高（“国道”一号）→三义交流道→过车亭直行，看到育英国小左转往胜兴方向，约1公里路程，遇叉路右转即可抵。

站在久松馆二楼的阳台上，看山景与天的开阔，感受大自然的奥妙；吃在久松客栈也是一绝，地道的传统客家菜、乡间野菜、美味家常菜等，都非常的受欢迎，主要原因是菜都自行处理与调味，不仅卫生更兼具了品质。

【鲤鱼潭水库】

位于三义、大湖与卓兰之交界，水资源生态相当丰富，身处在群山环抱之中，风光秀丽，景色迷人。一路山径幽幽，远处云雾缭绕，彷佛从天而降的瀑布，将水库景致点缀的更加神秘幻化。

- 中山高（“国道”一号）→三义交流道→台13线→苗49号乡道→苗52号可抵。于三义火车站。
- 搭乘往「三柜」的新竹客运，下车步行约10分钟可抵。

游玩路线 3

三义 → 9.5 → 苑里华陶窑 → 15 → 飞牛牧场(酪农村) → 12.5 → 通霄海水浴场 + 西滨海洋生态教育园区 → 19 → 后龙水牛城 → 13 → 造桥香格里拉乐园

【华陶窑】

园内的一草一木皆与大自然融合，乡土气息与人文艺术、大自然的美景交织出华陶窑特有的风格，遍植五百余种本土植物，在玩泥捏陶、品茶及绿意的芬多精中，忘却都市丛林的喧嚣。陶艺术的认识与传承，就在这个用心的园区里——实现。

苗栗县苑里镇南势里2邻31号

037-743611

1. 中山高("国道"一号)→三义交流道→台13线往丰原后里方向→55k右转130甲县道往西→10.5k金山槟榔摊右转可抵。
2. 二高("国道"三号)→苑里交流道→130甲县道往三义方向→10.5k金山槟榔摊左转可抵。

【飞牛牧场】

如茵的绿草，有着新西兰风情，放牧的牛群刻划了闲逸的浪漫；翩飞的蝴蝶，则是牧场的另一个娇客，50余种蝶影盘踞了蝴蝶谷；在动手挤挤牛奶中，在戏逐蝴蝶间，在鲜奶冻、牛奶饼乾DIY上，回归自然。目前飞牛牧场已成为中部地区强调自然生态的大众化休闲牧场，提供游客全方位的休闲生活服务。

苗栗县通霄镇南和里166号

037-782999

http://www.flyingcow.com.tw

设施：住宿、小木屋、露营烤肉代办

中山高("国道"一号)→三义交流道→13号省道北上800公尺左转→130号公路到蕉埔→右接37号乡道→121县道→飞牛牧场。

【通霄海水浴场+西滨海洋生态教育园区】

夏季避暑的好地方，徜徉在阳光与浪花交织的大地里，爱上了无垠的海洋。每年的6～8月，可以预约牵罟的活动，体会捕鱼的乐趣，并品尝丰收的新鲜鱼获；海洋生态教育园区，则开启了一扇通往海底的大门，五彩缤纷的海洋世界各式展览，教我们认识这琳琅满目的海洋生物，并学会如何爱护它们。

苗栗县通霄镇海滨路41－1号

037-761777

设施：海水浴场、烤肉露营区、山训教育乐园、水上活动设施、生态教育园区

海水浴场开放时间：11月－翌年4月

二高（“国道”三号）→通霄交流道→直走中正路（128省道）→往通霄火车站方向沿指示标可抵。

于台中搭巨业客运；于苗栗搭苗栗客运于通宵站下，步行约10分钟可抵。

【后龙水牛城】

南非的野生丛林印象落实在这里，野放的绿头鸭、水牛、山羌、鸵鸟…… 是游人戏逐的玩伴，就在追赶跑跳蹦的嬉笑间，玩起了丛林野蛮游戏；而野味大餐将鸵鸟、鳄鱼……入菜，难得的料理，异常的美食，又岂能错过。这是一处适合全家同游，一起挑战原始野趣的好地方。玩累了可以顺游龙凤渔港，规划有自行车道、人行步道及观光鱼市。

苗栗县后龙镇龙坑里十班坑181之6号

037-732097

二高（“国道”三号）→后龙交流道→6号省道→台1线左转→后龙水牛城。

【香格里拉乐园】

从客家文化出发，在艺文薰陶中结合动、静的娱乐，是一处适合全家出游的优质乐园。座落于造桥乡乳姑山丘陵地，园区广袤约50余公顷，是苗栗县举办大型活动的最佳场地，县内最为盛大的艺文活动－假面艺术节多次于此揭幕；浓浓的文化气息掺揉木头特有的沉香，Hakka热情好客的民族特质，再加上多样化、宜动、宜静的休闲设施，让香格里拉乐园化身为兼具娱乐与文化知性的游乐天堂。

- 苗栗县造桥乡丰湖村1邻乳姑山15之3号
- 037-561369
- http://www.shangrila.com.tw
- 设施：客家文物馆、汽车博物馆、植栽彩陶DIY教室、 态休闲娱乐设施、客家山庄（民宿区）、露营场地、烤肉区、会议室、维也纳餐厅、古早味餐厅、露天咖啡厅、商店街

- 南下：中山高（“国道”一号）→台1线→台13甲线→香格里拉
  南下：二高（“国道”三号）→台13线→台13甲线→香格里拉
  北上：中山高（“国道”一号）→台 6 线 →经国路（或东西向快速道路）→台13甲线→香格里拉
  北上：二高（“国道”三号）→苗126线→台13甲线→香格里拉
- 苗栗客运往头份・竹南经造桥→香格里拉站。

景点1 谷巴休闲度假村·木炭博物馆

台湾唯一以木炭为主题的度假村，客房内使用木炭除湿除臭包、炭晶沐浴乳、炭晶洗发乳、炭泉浴……等。水疗设施有各种养生炭泉池(日本备长炭池、台湾相思炭池、竹炭池……)。另有台湾首座木炭博物馆，了解木炭的健康广大用途，了解木炭的制作流程……。渡假村备有多种旅游套装行程供游客选择。

- 苗栗县造桥乡锦成东路8－5号
- 037－543945
- http://www.geocities.com/valleypark/
- 至香格里拉乐园后沿指示标可抵。

景点2 力马原住民生活工坊

推开两旁装饰着木雕图腾的门，洋溢自然原味的工坊散发着独特风情，让人觉得好舒适、好愉快。原住民陶瓷、编织、皮件、包包…… 等各式手工艺品，将原民文化生动地融入生活，雪白的瓷器上精致的图腾绘画，让人爱不释手。

- 旗舰店：台北市原住民民族商场捷运市政府站第四出口
- 休闲工坊：苗栗县造桥乡大西村 2 邻30号
- 037－542328
- http: //home.kimo.com.tw/lima_nan/
- 至香格里拉乐园后沿指示标可抵。

游玩路线4

南庄乡 ▶ 13.5 三湾乡 ▶ 15 头屋明德水库 ▶ 5 造桥香格里拉乐园

【明德水库】

面积广达170多公顷，除宽阔的公园绿地外，并有游艇可供游湖，或者开车绕行环湖公路，观赏烟波浩淼的湖泊风光；岛上并规划有露营区及两座吊桥与南、北公路相衔接。

中山高（“国道”一号）→头份交流道→1号省 道至尖山→13号省道→明德水库。

【三湾乡】

为一客家部落，民风纯朴而刻苦耐劳，作物原以稻谷、茶叶为大宗，近年来大量推广冬梨及高接梨，故有「梨的故乡」之称。旅游胜地有永和山农场及狮头山风景区。

中山高（“国道”一号）→头份交流道→124线道抵珊珠湖→3号省道至三湾。

景点2 沁昀咖啡

来狮头山的朋友除了登山健行之外，现在还可以品尝专业的冰滴咖啡。位于劝化堂旁的沁昀咖啡，将带领你进入无尽奥妙的咖啡世界，这里没有花俏的装饰，却透露着一种宁静与温馨的气质。

苗栗县南庄乡狮头山村17邻242号

037-823927

南庄→往狮头山方向

景点1 狮头山风景区

海拔约500公尺，因山形酷似狮子而名，为著名的佛教圣地，山中古刹众多，如劝化堂、开善寺、辅天宫、灵霞洞……等，其中劝化堂与开善寺备有斋食与客房。登山步道有二，一由南庄狮头起程，一由狮尾新竹社寮坑长生桥起。

三湾→124甲线道→狮头山风景区。

从新竹、竹南、头份搭往南庄的苗栗客运，在狮头山或龙门口站下车。

【南庄乡】

山区曾是一片樟木的原始林，是樟脑油提炼的重镇，目前则以分布全乡的鳟鱼、桂竹特产及原住民手工艺闻名。南庄的蓬莱溪近年来护溪成果丰硕，丰富的生态吸引不少游人探访，南庄境内新兴的农场、咖啡屋林立，是近年来热门的旅游景点。4、5月间可于蓬莱村、鹿场、向天湖等地看到漫天的萤火虫，而南庄的三大特产：鳟鱼、桂竹、香菇更是不容错过的美食。

中山高（“国道”一号）→头份交流道→124县道→南庄。

于新竹、苗栗搭乘苗栗客运往南庄；于南庄转搭往仙山、东河的苗栗客运可抵各据点。

景点1 向天湖–赛夏族矮灵祭

赛夏族在原住民中人数最少，占地最小，而其矮灵祭却是最具神秘色彩的古老祭典仪式。矮灵祭举行的时间乃10年一大祭，二年一小祭，于向天湖及新竹五峰大隘村举办。

南庄乡公所：037–823115

南庄→过南庄桥抵向天湖

景点2 鹿场

位于南庄乡东河村，因汽车广告而大开知名度，其原始的林相之美、飘渺的云雾，牵引着爱山一族的依恋。部落后山5公里处有一赏枫胜地，12月底火红的枫叶美的叫人心醉。鹿场周边有许多民宿山庄可供膳宿。

南庄→苗21乡道→鹿场。

民宿1 栗田庄度假农场

在小提琴美乐中感受美食、艺术的精致飨宴，欧式别墅和木屋餐厅，在树木绿叶的烘衬下，有乡村的亲切和清新。艺术创作展览再加上浓醇的咖啡香，让人放松的空间，总吸引许多找宁静的人来此度假。

苗栗县南庄村南江村小东河17－2号

037–824978

南庄→沿指示标可抵。

民宿2 山行玫瑰

眺望峰峦叠翠的山景，满山的绿就在眼前。这一派悠闲的田园景致，是主人用心经营的成果。在这里品尝茶点，会发现每一种都是山行玫瑰的招牌。

苗栗县南庄乡东河村12邻25－1号

037–824938

南庄→过南庄桥左转往东河村方向沿指示标可抵。

民宿3 水云间庭园咖啡·宁静民宿

追寻山林之美来到南庄，未经开垦的山中小径，杉木夹道林立，4、5月间油桐花染白了山头，风吹花落迤逦满地的浪漫。驱车前往水云间，在蜿蜒的林荫中爬行，原始山林的美撼动了来自心灵最深处的感动，未及山巅却早已痴醉在沿途的景致里。

苗栗县南庄乡东河村10邻23号

037–825777

南庄→过南庄桥左转往东河村方向沿指示标可抵。

①

台中县市 *Taichung*

风采蜿蜒在大安溪、大肚溪之间，南来北往旅人的过继站。
人文饮茶、夜的城市，来瞧瞧大墩引人入胜的光辉。

1. 植物园展现丰富缤纷的热带雨林景观。
2. 湖水岸艺术街喝茶，彷佛置身于意大利。
3. 木偶之心内琳琅满目的木偶。
4. 富有美国乡村小镇风情的南瓜屋。
5. 深具特色的五角船板。

台中公园

台中市

城市·越夜越美丽

当地小吃：

中华路夜市（肉粽、润饼、肉圆、当归鸭、麻油鸡、米粉汤、排骨酥、米糕、寿司、蚵仔面线）；中美街（吐魠鱼羹、米糕、手工水饺、豆花、鸭肉、封肉）；一中街（鸡排、福州包、丰仁冰、大肠包小肠、木瓜牛乳）；逢甲夜市（麻辣臭豆腐、茶叶蛋、章鱼小丸子、鸡蛋糕、关东煮黑轮）；东海商圈（东山鸭头、鸡爪冻、莲心冰、仙草冻、黑肉圆、牛肉面）、台中肉圆、玛露连三种冰·嫩仙草。

当地特产：

太阳饼、凤梨酥、一心豆干、万益食品。

游玩路线 1

东海大学 1 → 台中都会公园 2 → 东海别墅商圈 4 → 艺术街商圈

【东海大学】

走进校园浸溢于翠绿的凤凰树荫间，将风景衬托的分外清新雅致。由文理大道望过去，两旁错落有致的学院和图书馆，皆为中国传统式建筑，深具古典韵味。「最美丽的校园」美名其来有自，整座校园散发出来的人文气息，更是难得的惊喜。

台中港路三段181号

04-23590121

中山高（"国道"一号）→中港交流道→直行台中港路，可以在企管所门口进入，或是在荣总对面东海大学门口进入。

景点 1 路思义教堂

路思义教堂为世界著名的建筑师贝聿铭先生及陈其宽先生所共同设计，教堂有如双手祈祷状，在阳光的照耀下发出金黄色的光辉，每年的圣诞夜并有望弥撒、舞会，已成为东海盛大的庆祝活动之一。

景点2 东海别墅商圈

从相思林继续往上走，步出校园，就是车水马龙的东海别墅商圈。这一条狭长的街道，两旁琳琅满目的商家、衣服鞋子、餐饮小吃…… 足以让人眼花撩乱，想知道好吃好买的有什么，这里绝对能满足你寻宝的好奇心。

美食1 东海东山鸭头

台中县龙井乡东园巷三弄口
04-26330898

从中港路往东海别墅左转，一股东山鸭头独特的香味就飘过来…… 王妈妈的东山鸭头卤的够彻底，够酥脆，嚼嚼连骨头都可一起吃进去。其它如卤蛋香Q带劲，鸭舌耐嚼，豆干内馅入味多汁，二十多种都各具特色，任君选择。

美食2 豆子仙草冻

台中县龙井乡新兴路一巷23号
04-26319359

吃一碗仙草冻，除了食物的美味之外，一种悠闲的感受也满溢胸怀，是因为这里优雅的摆设吧……。QQ的芋圆，滑嫩的仙草，一点点奶油球的香气…… 冰冰凉凉成了最清爽的搭配。

美食3 东海鸡爪冻·莲心冰

台中县龙井乡新兴路1巷1号　　04-26320182

东海鸡爪冻还有卖海带、豆干……各种卤味，常见学生或游客就现场大快朵颐起来，鸡爪卤的入味甘香，肉质Q软， 吃不厌；冰冰凉凉的海带也很受欢迎。莲心冰是红豆冰淇淋与绿豆沙的结合，清凉不腻，其中「红豆冰淇淋」在别处可是吃不到的，纯手工制作，香滑浓郁，还吃的到一颗颗红豆的颗粒，增加不同于一般冰淇淋的口感。

美食4 家乡碳烤香鸡排

台中县龙井乡东园巷50号
（屈臣氏斜对面）

「碳烤香鸡排」的独家做法就是，将炸的酥黄香脆的大块鸡排，浸入独门酱汁，再烤的入味，好口味的名气已吸引多家媒体报导。酥脆的金黄外皮，一口咬下还吃的到香香的酱汁，把鸡肉香更提升到另一个境界，哇…… 那好吃的模样光用看的就好满足，来东海可别忘记品尝。

【台中都会公园】

居高临下的视野，是都会公园最引以为傲的优点。由于地处大肚台地陵线上，面积广阔，可将整个台中市的美丽景致，尽收眼底。东侧与西侧两边，有着截然不同的景观，远处的台湾海峡、台中火力发电厂的红色烟囱、台中港…… 都是景观的一部分。一袭凉风吹在身上，思绪清凉的跳脱，飞的老远。彷佛可以逃窜出忙碌的丛林，逍遥那么一下。

开放时间：

1. 管理服务中心：
   上午9点－下午5点（周一休馆，例假日顺延）
   电话：04-24612483
2. 户外园区：上午6点－下午6点（夜间开放区域至晚上9点）

中山高（“国道”一号）→中港交流道→走 中港路往沙鹿方向→经过东海大学→东海别墅区天桥右转（国际街）→艺术街→游园北路→都会公园。

景点1 种子日晷

一柱擎天的造型，种子日晷是具有定时的功用，观察投射在地上的阴影位置，就可以知道现在几点啰。小朋友看到种子日晷总会兴奋的爬上去，而种子生命力的象征，也如同这样的活泼，旺盛的昂然向天空伸展，代表年青一代，也正这样的成长着。

景点2 赏月廊道

赏月廊道是观星、赏月的好场所，每面墙上都有一只大昆虫，让大人小孩都可以机会教育，廊道白天可以乘凉；夜晚可以漫步观星，浪漫的气氛让人流连忘返。

景点3 生态湖

夕照倒影在湖面上，水中的鱼蛙则兴奋的跳跃着，用眼睛欣赏这景致，风中飘来的却是咖啡香。生态湖景观优美，除了水生植物和水栖昆虫可供观赏之外，你更可以在这享用一份典雅的下午茶，以湖光美景佐茶。这么浪漫吗？等你亲自来验证了。

【艺术街商圈】

理想国艺术街是一个集人文、艺术、景观的社区。在这一条沿着小斜坡而建的艺术街坊，体验沿途的人文气息，充满个人特色。各式咖啡馆、茶艺馆、陶艺馆、唐装服饰店，把整条街道装饰得动人而优雅，能满足游客寻幽的梦想。

中山高（“国道”一号）→中港交流道→直行台中港路→国际街天桥下左转，艺术街左转沿线即是。

美食 1 古典玫瑰园

台中县龙井乡艺术街39巷7号
04-26321212（台中本店）
04-26324812（英国茶专门店）

玫瑰园的正统英国茶与玫瑰艺术，是最为人称道的特点。在这里有英国茶、花茶、英式餐点、百年名牌杯具、画作……可供欣赏，沉浸在玫瑰的醉人气息中，感受英国茶的浪漫传奇。

商店 1 寻宝的地方

台中县龙井乡艺术街18号
04-26337011

店门口总种植着缤纷的花卉，向过往的游客们招手。专营古典温馨家饰、手工彩绘家具等，是一间充满欧风气息的商店。喜欢精致摆饰的人一定可以在这寻到宝。

游玩路线 2

台中公园 1 → 中友百货·三民商圈

【台中公园】

中山公园又称台中公园，建于清光绪三十四年，为台中市的地标代表。公园里的天然小丘，古称大墩，是台中市旧名大墩的由来。丘顶竖立着「望月凉台」，则是台中市古迹－北门楼。

园中有一小湖，湖上相连的双亭，即有名的中正亭，朱檐画栋，倒影浮映水中更显典雅。环湖四周花木扶疏、绿树招摇，洋溢着悠游自在的气氛。

台中市公园路8-1号　04-2224174

中山高（“国道”一号）→中港交流道→中港路往车站方向行驶，至中正路与自由路交叉口左转，至公园路时即可看到中山公园。

【中友百货·三民商圈】

三民商圈包括中友百货，区域内有台中一中、台中技术学院和各大补习班，学生人潮集中而形成一个独特的商圈。由于位居学区，一中商圈一如其他大学商圈，白天是一般商店街，晚上则是夜市聚集区，遍布各种泡沫红茶店、茶坊、茶亭。在这儿的商店，每种业别都很巧妙的比邻而居，因而形成特定业种专区。如眼镜街、服饰街、小吃街、书店街、体育用品街。

中山高（“国道”一号）→中港交流道→直行台中港路，五权路左转，遇三民路右转，沿线即是。

百货 1 中友百货

台中市三民路三段161号

04-22253456

中友百货以「快适生活的提案者」为经营理念，提供消费者一个购物休憩的舒适园地。改装过后的全新中友，带给消费者更为精致、丰富、知性感性兼具的新风貌，打造一个梦想起飞的百货新乐园。

台中公园

景点1 台中市长官邸艺文之家

台中市北区双十路一段125号　　04-22255545

台中市市长公馆原是公元1929年日本政商名人宫原武熊医师建的宅院，现为市区保存最完整的日本侵占时期洋房建筑。来到艺文之家，可以一个人沉浸在充满艺文休闲氛围之中，也可以携伴看看名家的作品，更可以全家来参加官邸举办的艺文活动。

美食1 一中豪大鸡排

位于玫瑰唱片对面

现炸多汁的超「大」鸡排，香喷喷的可说是学子们的最爱。看见拥挤的人潮不用怀疑，也给他挤进去，品尝这种最地道的小吃。

美食2 丰仁冰

台中市育才街三巷巷口（一中大门对面附近）

04-22230522

来到台中一中可别忘了已逾50年历史的丰仁冰，同样是学子们的最爱，特殊的酸梅口味碎冰在夏天吃会「透心凉」！就这样坐在补习班的骑楼下吃冰，也是一种新奇的体验。

美食3 台湾香蕉新乐园

台中市双十路二段111号

04-22345402

早上11点－凌晨2点
（最晚进场时间凌晨12:30）

最低消费：每人100台币

三民路→进德街绿园道右转，双十路口转角右手边。

看到台中市双十路旁，有列蓝底白线的火车厢，走入屋内回到熟悉又遥远的年代，放眼望去琳琅满目的怀旧商品，总能勾起许多人的年轻回忆。这家店以商店街道的方式呈现，最令人啧啧称奇，整栋建筑物可以称得上是一间博物馆。餐厅提供多样的台式套餐、快炒及餐点，有京都排骨饭、家乡烧豆腐、油淋去骨鸡等，还有其他的点心、冰热茶、咖啡饮料，丰富的菜肴加上满满的怀旧味道，享受难得悠闲时光。

游玩路线 3

科博馆 0.1 → 植物园 1 → 精明一街商圈 4 → 逢甲商圈 1 → 七期商圈

【自然科学博物馆】

科博馆是台湾第一座自然科学博物馆，展示科学的精妙与艺术之美，各个展示厅传达了地球演化的史观及生命故事。科学中心与太空剧场兼具娱乐价值及大众教育功能，生命科学厅的展示则以自然史和自然现象为主题，以剧场教室的形式表规，生动有趣地深入各主题。

▲绿园道展览长廊，有数不尽的绿意

台中市馆前路一号

04-23226940

09:00 - 17:00（每周一休馆）

中山高（“国道”一号）→中港交流道→直行台中港路，馆前路左转可抵。

美食 1 玛露连三种冰・嫩仙草

台中市健行路1029号

04-23283068

传统的三种冰和嫩仙草，是这家手工冰品创始店的代表作，1971年创立的玛露连，目前有三家分店。手工提炼高纯度的仙草，超滑嫩的口感，搭配独门的「芋Q」，让人一吃上瘾。健行店一年四季还有提供咸芋Q热品，同样也是招牌商品。

【植物园】

植物园区广阔，是台中市难得的自然宝库，花木扶疏，搜集约750种植物，分为热带雨林温室及户外低海拔植物展示区两大部分。温室内部划分了超高树、热带花树、兰花岩壁、棕榈斜坡、沼泽湿地等小区，展现丰富缤纷的热带雨林景观。

台中市馆前路1号

04-23285328

植物园热带雨林温室及特展室

开放时间：上午9点至下午5点

植物园户外展示区：

开放至晚上10点　每逢周一休馆

中山高（"国道"一号）→中港交流道→馆前路左转可抵。

【精明一街商圈】

精明一街可说是全台首开先例的异国风味行人徒步区，近百公尺徒步区两旁，有精品服饰、茶艺咖啡、异国风味餐馆、画廊等商家林立，人行道上设有露天座椅，在此品尝茶饮点心最为惬意。大隆路紧临精明一至二街，是一条衍生的商圈，同样有许多美食店家。

中山高（"国道"一号）→中港交流道→直行台中港路，至精诚路右转，大隆路再右转即抵。

美食1 日出·修道院的乳酪蛋糕

台中市大隆路29号

04-23289410

向修行者的精神看齐，坚信「最简单的，最难表现」，只挑选新鲜的农牧产品，专注于乳酪蛋糕的烘焙艺术，创造出多种不同的口味，滋味浓厚使人迷恋。另有五种风味的保健紫米茶，搭配着品尝滋味不同凡响。

商店1 维丽日本精品

台中市大隆路25号

04-23289399

这间精致小巧的店铺，装满各种日本进口的饰品、摆饰、生活杂货、女装童装……也看不出来已有十多年的历史了。老板娘亲自从日本带回来的精品，除了老主顾之外，也吸引不少逛街的人潮。

美食2 阿罗哈地中海美食·西班牙风味餐厅

台中市大隆路12号

04-23236254

从美国学成归国的老板娘，专长西班牙异国风味美食，以新鲜香草入菜，丰富味蕾的感受，品尝到的是「用心」的滋味。一片欣绿的风景佐餐，彷若身处国外般新鲜。

【逢甲商圈】

台中著名商圈之一，包括逢甲文华夜市、西屯路、逢甲路、福星路、碧根广场等。商圈内的小吃让人赞不绝口，服饰则是物美价廉。夜市从文华路一直延伸到福星路，其中也不乏异国风味的小吃，像是土耳其冰淇淋、日本拉面、韩国泡菜锅等。

中山高（“国道”一号）→中港交流道→直行台中港路，至河南路左转，见福星路左转，即进入逢甲商圈。

◀ 热闹的碧根广场,有许多火锅摊位

美食1 阿华黑轮

台中市文华路29号对面

下午16:30～凌晨1:30

热腾腾的蒸气薰陶中，喝一口鲜美的高汤，清淡又甘甜，直暖到心窝里……阿华黑轮是逢甲夜市有名的小吃老店，已逾20年历史。多达三十几种菜色，琳琅满目，挑动每个人的食欲。

美食2 日船章鱼小丸子总本铺

一颗颗躺在铁板上冒烟的章鱼丸，好吃的模样吸引长长的排队人潮，每颗丸子中间都吃的到章鱼，沾上香浓的美乃滋产生了绝妙的好滋味。

美食3 台北江麻辣臭豆腐

台中市文华路105－10号

0927570699

辣辣辣！闻着空气中混和辣油和臭豆腐的味道，吃一口引人食欲的「鸭血臭豆腐」，这样独一无二的滋味，一定要指名逢甲的本店。老板研发独特的汤头，搭配Q软的鸭血、甜不辣、米血，在寒风中吃一口，实在过瘾。

【七期商圈】

随着商圈的西移及新市政中心的规划，七期重划区已成为台中市未来的发展重心。七期新市政中心内，结合了政治、经济、金融于一体，Tiger City老虎城购物中心、衣蝶百货，继新光三越后成功进驻七期，为中部地区再添休闲去处。

美食1 五角船板

台中市市政北三路3号

04-22545678

这么一间餐厅，建筑本身就是一幢吸引人的招牌活广告。经过四个大泥人勾搭起来的拱门，墙上随处悬挂陶塑泥人和枕木打造的桌椅，摆饰点缀的是奇特古怪的古董，这么特别的空间，任何时候来都能尝到不一样的口味。

百货1 新光三越

台中市台中港路二段111号

04-22553333

新光三越百货公司位于中港路上，营业项目包括流行服饰、餐饮、UCI派拉蒙环球影城……等。一楼户外广场并有水舞表演，每个小时都随着音乐婆娑起舞，可常见父母带着小孩兴奋的在玩水。

百货2 衣蝶百货

台中市市政路480号

04-35008888

不同于日系百货的流行氛围，衣蝶提供另一种流行的诠释。从走进落地玻璃门起，时尚的脚步就开始跟随，进行一场愉悦的购物体验。许多稀有的品牌在衣蝶都可以找到，原来消费也可以这么与众不同。

百货3 老虎城购物中心

台中市河南路三段120号　　04-36068888

中山高(“国道”一号)→中港交流道→中港路→右转河南路可抵。

规划了近万坪的营业空间，结合了休闲、娱乐、购物、餐饮的多元化功能。除了有华纳威秀影城，主题餐厅、咖啡厅、流行精品服饰、美妆保养、会员俱乐部、SPA休闲中心……等多元化的休闲娱乐设施，来老虎城即可满足生活上各种需求。

游玩路线4

台湾美术馆 0.5 → 美术馆绿园道商圈 3 → 丰乐雕塑公园 0.05 → 湖水岸艺术街

【台湾美术馆】

前身为台湾省立美术馆，与台中市立文化局毗邻，为文艺气息浓厚的休憩观光带。美术馆的建筑造型简洁方整，以天然石片为主要外饰材料，使建筑和天空浑然成为一体。全馆共分24个展览室，定期举办国内外名家各项艺术作品展。

台中市五权西路一段2号

04-23723552

中山高（“国道”一号）→五权西路交流道→五权西路直行→美术馆。

【美术馆绿园道商圈】

美术馆周边有多条绿园道，其中又以正大门前五权西四街的这条园道，集结多家个性餐饮店，形成一条悠闲、绿荫及人文的美术特区。走在美术园道上让人有种彷佛置身国外的感觉。绿园道上的红砖道，青翠的草坪和鸽子绿地，一派悠闲情调。

美食1 水之龙头

台中市五权西路1段170号
04-23756826

具现代感的建筑外观，简约的陈设，展现出都会的俐落干练，交织出谐和的空间。供应的餐点是时下最流行的复合式餐饮，洋洋洒洒的菜单上标示了为数众多的餐饮，讲求味美材料实在的餐点，皆是店家精心设计料理出来的成果。

美食2 新月梧桐

台中五权西三街95号
04-23783181

新月梧桐将30年代上海的情景搬到这儿，西洋式的两层洋房，锻铁凋花的大门，与屋外的红包车成为最佳的标记，这样的怀旧风情，着实吸引不少人。以地道上海菜为主的料理，其中招牌的「玉兰东坡肉」，入口即化不油腻，是桌上常客；「砂锅腌笃鲜」以金华火腿提出鲜味，值得细细品味。

美食3 西岸桃花

台中市五权六街59号
04-23714622

有着极具现代感与光灿的外观，铁灰色的钢骨，窗明几净的玻璃帷幕，架构出这个桃花源系列餐厅。在餐点的安排上，以加州风味美食为主，还有以养生蔬果现打的果汁，健康营养。

美食4 南瓜屋

台中市五权西四街108号
04-23728456

富有美国乡村小镇的风情，形形色色的南瓜装饰各个角落，木雕、烛台、香料罐，更让这儿像是乡村农庄里的厨房。吸引顾客的最大原因，是具有新奥尔良风味及意式酒馆风味餐的拿手好菜，主厨招牌菜「起司焗烤洋芋」采用美国爱荷华的大洋芋，达10盎司，佐以不同的素材搭配，是相当受到喜爱的一道佳肴。

【丰乐雕塑公园】

丰乐雕塑公园是全台第一座将艺术融入自然的公园，是台中市的文化新地标。园区占地6公顷，集结了台中市历届雕塑大展及资深雕塑家作品，配合流水、飞瀑、绿意等，将艺术之美融入大自然之中，尤以流云造型的拱桥，特别引人瞩目，各具创意的雕塑配置在人工瀑布、森林、湖区的景观中，别具风格。

台中市南屯区文心南五路
中山高（"国道"一号）→五权西路交流道→往台中市区方向直行（中港路）→文心路右转，过文心南五路即抵。

景点1 湖水岸艺术街

位于丰乐公园旁的湖水岸建筑内，短短巷弄中，聚集了艺品店、个性服饰、礼品店与各具特色的餐饮店。木质地板的街道，身在其中，彷置身于意大利充满古意的巷弄，喝一杯茶，轻松惬意。

商店1 木偶之心

台中市南屯区向心南路730号（丰乐公园对面）

04-24714693

木偶之心与德国的「KWO」公司合作，独家进口已有300年历史的德国工艺品「薰香木偶」，从嘴巴呼出缕缕轻烟的小木头人，里头可以点香，既可薰香也是摆饰。各行各业琳琅满目的木偶，由身上的配件就可以看出是从事哪一行的人物，深具收藏价值，也是馈赠亲友最好的礼品。

商店2 黑狗兄甘仔店

台中市文心南五路321－2号（丰乐公园对面）

04-24717029

古早味的零嘴、古早味的童玩，走进这家怀旧的店铺就应有尽有，勾起许多童年的回忆；咬一口枝仔冰，满足的心情在心头。

游玩路线 5

民俗公园 7 → 大坑风景区 1 → 大坑温泉区 ▶

【民俗公园】

占地约1．6公顷，建筑特色是采传统闽南式建筑，深具古典之美，以民俗馆、台湾民俗文艺馆及民艺馆为主体，民艺广场、民俗广场为辅。另外园区中还设计有拱桥、回廊、花圃、流水、荷塘等景观，提供了大众一个体会传统中国的游憩空间。

台中市旅顺路二段73号

04-22451310

中山高（“国道”一号）→中清交流道→直行至文心路左转→崇德路左转沿指示标即可抵。

美食 1 红楼梦

台中市旅顺路二段74号（台中民俗公园内）

04-22476310

楼台亭阁、小桥绿池、雕梁画栋，有如置身在小说《红楼梦》的场景中，在餐饮上采用复合式的方式供应，不论用餐和品茗都能“让客人”尽兴开怀。餐后，到公园里走走，或参观民俗馆，都是不错的助兴节目。

▶ 深具古典之美的民俗公园　▼红楼梦

【大坑风景区】

大坑风景区内有八条登山步道，途中间有凉亭，崇山峻岭、风光明媚，是登山休闲的好去处。大坑温泉也颇有名气，可说是台中市优质的休闲去处。

美食 1 天染花园

台中市部子里部子巷5之8号（大坑圆环附近） 04-22398868

广达千余坪的园区中，培育了超过百种的天然染色植物，能让游客体验植物染DIY。餐饮方面，则以健康自然为诉求，如「枸杞五宝炖香鸡」、「蜂蜜芥末猪排」、「烤青花鱼」等，皆受到客人肯定。

美食 2 山河恋休闲咖啡

台中市东山路1段459号

04-22399317

座落在大坑山丘上的山河恋咖啡，置身于绿林中，鸟语花香，山光水色。每个平台视野极佳，可清楚的瞧见台中市区的情景，难怪入夜之后，不少游人与情侣都相约上山，来此用餐或喝杯咖啡，放松一天的疲惫。

美食 3 普罗旺斯庭园咖啡

台中市东山路二段205-1号
04-22397099

普罗旺斯的地理位置已算是大坑地区的高点，从窗外望去尽是苍郁的树林，而田园中则处处散发着香草芬芳，还附设了休闲步道、风味餐馆、烤肉区等设施。普罗旺斯以欧式香草料理为主，像是有「紫衣恋猪排」、「罗勒乡村鸡」等，满足都会人对于乡村田园的向往。

温泉 1 东山乐园

台中市东山路二段151-2号
04-22391435

东山乐园位于大坑风景区内，四面环山，风景秀丽，是台湾唯一有温泉设施的主题乐园，全区共分为温泉SPA、水上世界、游乐设施、烤肉天地四大主题。为了给泡汤族多样化选择，除了温泉水疗池、超音波池外，另有加入汉方草药的美肤池、养生池和海盐浴池。

温泉2 麒麟峰温泉

台中市东山路二段65巷15号

04-22396969

麒麟峰温泉是经过卫星探测出地热反应，由地表向下深掘2000公尺才取得的泉源。浸泡在大众池中，静下心灵，可以闻风、听蝉、卧水、观瀑、赏星，享受被青山绿水拥抱的感觉，让身体活络起来。

温泉3 霞客温泉山庄

台中市大坑风景区横坑巷47-66号

04-22399911

被群山环绕的霞客温泉，视野景观良好，放眼望去山峦美景尽入眼帘，霞客温泉山庄提供泡汤、美食、休闲等活动，泉质是能够净化皮肤、软化角质的美人汤（又名重曹泉），是所有喜爱泡汤的美女、佳人们的最爱。

侠客栈餐厅

走进悬挂红灯笼的牌楼，即见富有古风的建筑，讲求精致美味的侠客栈餐厅空间宽敞，可容纳400人以上同时用餐，由一流厨师主厨，供应中式餐点，除了依时令推出主题宴外，在假日时还有户外怀石料理与BBQ。另外，完工后的意式餐厅也将加入阵容，届时客人又多了一个休憩用餐的去处。

特选台中名产小吃

美食1 台中肉圆

香滑Q软的台中肉圆，是著名的地标性小吃，已逾60年历史。传统风味的馅料配上特调的酱汁，是其最大的魅力。暖呼呼的冬粉汤和鱼丸汤是肉圆的最佳良伴，这样的口味让人无限怀念。

美食2 万益食品

各式的豆干、肉脯、肉松、肉丝、牛肉干、鱿鱼片、鱿鱼丝……富涵古早味的万益，有最温暖的在地情。人气商品「千层豆干」，将卤汁完全渗透到豆干的每一个层次，软中带Q的芳香美味，是佐茶下酒的良伴。

美食3 太阳堂饼店

满街的太阳饼不知道该买哪家吗？认明自由路二段２３号就没错。这家已有50年历史的太阳饼店，制作的太阳饼内馅甜而不腻，与酥脆的外皮搭配的恰到好处，尝一口，这就是最地道的太阳饼风味。

DATA

台中肉员

- 台中市复兴路三段529号
- 04-22207138
- 10:30～20:30

万益食品

- 台中市中山路213号（中山店）
- 04-22257766
- www.wani.com.tw

太阳堂饼店

- 台中市自由路二段23号
- 04-22222662
- 08:30～20:00

港区艺术中心

台中县

热情魅力～山·海·屯

当地小吃：

清水肉圆、清水筒仔米糕、咸圆仔、坪顶烤蕃薯、坪顶蜜地瓜、丰原庙东小吃、丰原排骨面、沙鹿咸圆、梧栖海鲜

当地特产：

东势水果、梨山温带水果、武陵温带水果、太阳饼、凤梨酥、沙鹿肉角、肉脯

民俗采风：

农历3月间大甲妈祖出巡（回娘家）、农历年初一至十五大甲镇澜宫进香

游玩路线 1

丰原 12 → 东势 8.5 → 东势林场 ▶

东势 33 → 大雪山森林游乐区 ▶

东势 36 → 谷关温泉区 1 → 八仙山 48 → 梨山 23 → 武陵农场 ▶

【丰原】

庙东为丰原最著名的小吃街，走进巷子里就是一趟美食惊奇之旅…… 还有糕饼业中的百年老店－雪花斋，其精湛的制作手艺吸引着消费者的青睐。公老坪球场沿线有新进兴起之观光果园可供休闲采果，夜里可将丰原夜景一览无遗；情人谷风景优美，夫妻树传说更为情人约会添加色彩。近年所兴建之主题公园如慈济宫公园、丰圳公园、葫芦墩公园等，也都相当具有特色。

中山高（"国道"一号）→丰原交流道→丰原。

景点 1 庙东小吃

丰原市中正路179号

慈济宫历史悠久，主祀圣母，周边悠久的小吃特产让各名流政要都曾光临，丰原排骨面、丰原肉圆、蚵仔煎、东山鸭头…… 邀集好友们，走进巷子里就展开一趟美食惊奇之旅。

景点2 雪花斋

台中县丰原市中正路200号

04-25222315

百年老店的雪花斋，以其精湛的手艺立下坚强口碑和基础，成为最具有代表性的糕饼店之一。三大产品绿豆椪、冰沙饼、咸蛋糕，为低糖分、低热量的制作，因此深受消费者的喜爱，享用时佐以一杯浓淡适宜的温茶，口感更是一绝。

景点3 东丰绿色走廊

“国道”一号接“国道”四号（往丰原方向）→即可抵绿色走廊起点。

租车情报：薰衣草租车　丰原市朴子街178巷内（丰原起点正对面）

石冈都会租车　台中县石冈乡丰势路1261－1号

花木扶疏，造景优美的东势－丰原「绿色走廊」自行车专用道，地势平坦、起伏并不大，骑乘起来极为舒适，是实用的健身运动好场所。东丰绿色走廊从丰原开始贯穿石冈，是台湾第一条由废弃铁道改建的脚踏车专用道，也是台湾第二条脚踏车专用道，全长约十二公里。东丰绿廊不仅为当地居民带来一个新休闲空间，周边的观光景点也活络起来，附近的单车出租店充足，在这里骑单车方便安全又舒适。

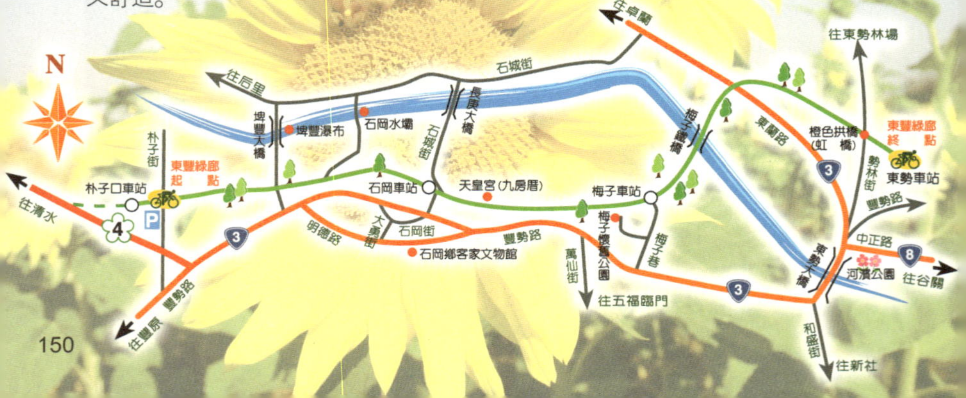

景点4 石围墙酒庄

- 台中县东势镇茂兴里东兰路196-65号
- 04-25879197
- 中山高（“国道”一号）→台中系统→“国道”四号（东西向），往丰原方向至丰势路左转→直行过东势大桥→再左转直行约5公里可抵。
- 搭乘丰原客运（往卓兰班次），于石围墙酒庄下车即可。

在东势这个水果之乡，石围墙酒庄充分利用上天赐与的天然珍果，如桃、李、杨桃、特产胭脂梅等水果，孕育美食好酒好人文。石围墙酿酒谨守「遵古法制」的原则，配合时令、当季水果，制作最合时的酒产品，让顾客可以享用到最棒的醇酒。

【东势林场】

「中部阳明山」美称由来已久，春天的杜鹃，夏天的油桐，秋天的枫红，冬天的梅、樱，更迭的花序缤纷了林场的风情，是中台湾一处闻名的赏花胜地。而蝶影翩飞于花丛间；及4—9月闪烁于黑夜里的萤火虫，更是不容错过的大自然娇客。林场附设住宿木屋，餐饮齐备。

- 台中县东势镇势林街6-1号　　04-25872191
- 中山高（“国道”一号）→丰原交流道→台三号省道往东势→东势林场
- 于台中、丰原搭往东势的丰原客运；于台北、台中搭往梨山的台汽客运于东势站下。

【大雪山森林游乐区】

野生动植物资源的种类繁多，是一处富含生态资源的高山森林区。有稍来山瞭望台、船型山苗圃、鞍马山森林浴场、天池、雪山神木、小雪山木头迷宫等游乐据点。原始森林、天池、云海、日落晚霞、层峰山峦等景致，随着四季的更迭，大自然的林相变化万千，是一处赏景健身的好地方。

- 台中县和平乡大雪山林道
- 04-25877901
- 东势→东坑路→200林道→大雪山森林游乐区。
- 于台中、丰原搭往东势的丰原客运再转搭计程车。

住宿 1 若茵农场

台中县和平乡中坑村雪山路 1 号

04-25971218

东势→东坑路沿大雪山指示标→200林道→派出所，沿指示标可抵。

若茵农场吸引人的地方，除了风景够美、自然生态丰富、空气清新香甜外，还有主人亲切热情的招呼。因为山的静，让浮躁的心，沉淀下来；余晖向晚的大甲溪出海口，漫天的彩霞，美的让人忘怀。

住宿 2 爱林山居

台中县和平乡中坑村雪山路8号（17K处）

04-25971328

同若茵农场。

中坑村海拔最高的一户人家就是爱林山居，一幢二层楼的小木屋，四周被山林包围，后山的孟宗竹林，是最天然的森林步道。而云海、台中港出帆的船只、夜晚闪烁的灯河，尽是爱林的一景。养生招牌菜有五叶松汁、昭和小火锅，油炸昭和酥等，不受污染的植物，都是最健康的有机食品。

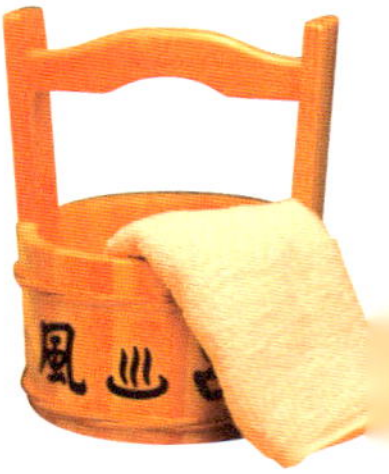

【谷关温泉区】

属于碱性碳酸泉，泉质清澈，是一处规划完善的温泉区，除了泡汤、野味美食之外，还有八仙山森林步道、梢来步道、龙谷天然乐园等健身的好去处，形成了一个丰富而多采的休闲养生圈。

中山高（“国道”一号）→“国道”4 东势交流道→台 3 线往东势方向→接 8 号省道进入中部横贯公路→谷关。

从台中或丰原搭乘往谷关的丰原客运可抵。

温泉1 龙谷观光饭店

台中县和平乡东关路一段138号
04－25951369转3

近二、三年来，龙谷悄悄地改变了，除了有历史外，更增添了一丝品质好，服务好的质感，旅人的心情自是更加的甜喽！而龙谷观光饭店希望在最棒的状态下，褪去陈年的外衣，正式公告它的"蜕变"。游泳池、游乐区、泡汤区、裸汤风吕、露天咖啡座佐以精湛的美食，让人直呼想放假喽！

温泉2 谷关温泉饭店

台中县和平乡东关路一段温泉巷6号
04-25951355

谷关温泉属碳酸质汤泉，无色无味，泡起来滑滑嫩嫩的，有如贵妃洗凝脂般的尊宠。饭店备有大众泡汤池，以山城的四季为帘幕，正风行的SPA水疗为辅，在冷·温·热泉水的交替间，疲惫的身心顿时活络了起来。泰雅风情伴着点点复古氛围，沉醉在咖啡香、客家美食、怀旧老歌与温泉共谱的恋曲中。

温泉3 水舞谷关渡假温泉馆

台中县和平乡东关路一段115号

04-25950099

推开朴拙的佛手大门，映入眼帘的是空间感超大、日式风洋溢的汤屋，沁凉的山风迎面拂脸，淡淡的青草香夹杂碳酸泉的气息，化开了染尘的心情；在极简禅风中，在沸扬的水雾里，在温泉与肌肤亲腻的对话下，褪去满身的疲累，啜一口水舞贴心准备的高山茶，感受这专属于水舞「沉稳·内敛·唯美·尽善」的矜持。

温泉4 伊豆日式露天温泉

台中县和平乡谷关分校巷5号

04-25950315

伊豆温泉在园区内遍植花草树木，呈现一派花木扶疏的绿野景致；并以天然石材堆砌出台阶和泡汤池。考究的日式建筑，呈现了浓厚的东洋风味，可以恣意拥抱自然，感受温泉的生命力。

【八仙山森林游乐区】

翠绿苍劲的原始林木是此地最丰富的观光资源，园内碧莹清透的十文溪、佳保溪流贯其中，增添了山高水长的灵气。园区内规划有三条森林步道，以停车场为起点，穿越林间小路至佳保台，为一河阶地形的森林步道；另两条沿溪而行，是清爽的亲水步道。

- 台中县和平乡博爱村东关路平仙巷22号
- 04-25951214
- 谷关→沿指示标可抵。
- 从台中或丰原搭乘往谷关的丰原客运，于佳保台站下车步行可抵。

【梨山风景区】

山明水秀而一年四季皆美的好地方——云海、桃、李、梨、苹果花、波斯菊、枫红轮番攻占山巅，美得叫人忘返。顺着福寿山农场上行，可以在天池行馆凭吊蒋公，也可以到华岗感受一下山中的田园风情；丰收时节更别忘了带点水果、高丽菜、萝卜与蒜头等山中特产与家人分享。

- 1. 谷关温泉→8号省道→经德基水库可抵。（此路段目前抢修中，可询问参山国家风景区梨山管理站04-25981331）
  2. 二高（“国道”三号）→草屯或南投交流道→草屯（台14线）→台14甲线→大禹岭→（8号省道）沿梨山指示标可抵。
- 于台中市、花莲市搭乘往梨山的丰原、花莲客运可抵。

景点1 福寿山农场

- 台中县和平乡梨山村福寿路29号
- 04-25989205
- 由梨山宾馆东行，抵梨山文物陈列馆续行即抵。

生产寒温带水果与高冷蔬菜为主，尤其以苹果种类多达50余种，展示一棵接种多达37种的苹果王，令人叹为观止。夏秋时分农场浸没在波斯菊花海中，是农场著名的景观之一。

景点2 美音观光农场

台中县和平乡梨山村龄恩路19号

04-25989356

梨山→沿指示标可抵。

观光果园与民宿结合的休憩地，舒适雅致的木屋供游客休憩过夜。结实累累的果树在这里一年四季有甜美鲜果任君选择，来美音包准让你满载而归。

【武陵农场】

春天漫山的桃、李、苹果花，散发淡淡的幽香；夏季初熟的水果，在枝头娇艳欲滴；深秋镶嵌在山林中火红的枫叶，款款舞动，从而赢得「台湾九寨沟」的美名（赏枫之旅为十一月中旬至元月中旬）；初冬皑皑白雪铺满山头，展露北国风情。这样多变的景致，让人舍不得踏上归途。

台中县和平乡武陵路3号

04-25901257

1. 谷关温泉→8号省道→经德基水库→梨山→（台7甲线）武陵农场。（此路段目前抢修中，可询问参山“国家风景区”梨山管理站04-25981331）
2. 二高（“国道”三号）→草屯或南投交流道→草屯（台14线）→台14甲线→大禹岭→（8号省道）沿武陵农场指示标可抵。

于梨山搭往武陵农场的班车可抵。

游玩路线2

石冈乡 12 → 新社乡

【石冈乡】

在2003年“九二一大地震”满四周年，亚洲单车车神廖武雄创下飞越石冈断坝的壮举之后，石冈坝和东丰绿色走廊知名度大增，成为著名的旅游景点，也带动石冈乡的观光发展，因此将辟建第二条绿色走廊，朝向观光休闲的方向发展。

中山高（“国道”一号）→“国道”4往丰原、后里方向→下东势交流道。

景点1 石冈水坝

石冈乡丰势路1238号

建于公元1974年，水坝附近的自然景观保持的相当完整，林相丰沛，白天经常可在林间或农田水域中发现小白鹭丝、蓝鹧鸪等出没，是中部地区极佳的赏鸟观察站。未来会增设观景台、旅游资讯中心、生态停车场等设施，供游客休憩。

景点2 湖岸咖啡园休闲农场

台中县东势镇石城街石城巷2号

04-25886785

中山高（“国道”一号）→“国道”4往丰原、后里方向→下东势交流道→丰势路→过埤丰桥往台三线卓兰、东势路上可见。

位于石冈水坝旁，供应咖啡、健康养生饮品及香草茶；除此之外可观赏石冈水坝的日出、日落、瀑布美景及参观石冈情人木桥，来段单车田园之旅，体会农村风光。

景点3 五福临门神木

树之王观光植物花园　台中县石冈乡明德路105号　04-25821796

东势交流道下→往丰原接明德路→台3线→万仙巷→沿树之王指示标可抵。

系因相思树、楠树、榕树、樟树、枫树等五株树合抱而得名，屹立于蓝天白云下，有着旺盛的生命力，膜拜者众。可以顺游紧临的树之王观光植物花园，一个可以眺望石冈水坝美景及峰峦叠翠的好地方。

【新社乡】

山中咖啡茶坊方兴未艾，为兵家争夺之地之一的新社乡，风光秀丽宜人，咖啡茶坊有如雨后春笋般茂盛，可说是台中的后花园。新社乡除了是适合好友结伴出游的好地方之外，更是亲子体验户外大自然的最佳去处。漫步于田野花间，喝一杯花茶或香醇的咖啡再上路吧！

中山高下“国道”4台中环线丰原往东势段→左转台3往东势方向→右转129县道可抵。
于台中搭乘丰原客运往东势方向，在中兴岭站下抵新社，再转搭计程车前往各点。

景点1 观水芗

台中县新社乡福兴村美林89－1号
04－25942535
至新社沿指示标可抵。

观赏新社生命之泉－白冷圳的最佳地点，兼具生态教育的好去处。观水芗的养生套餐菜色多样，并选用当季食材，四季更换菜单，充分利用各种食物的食补特性，为养生餐饮做了最佳的诠释。

景点2 花田庭园

台中县新社乡兴中街17－6号
04－25823666
至新社沿指示标可抵。

「红酒烩羊腿」是花田的招牌餐点，羊腿选用特级羊腱，以红酒及匈牙利蘑菇酱炖煮一个小时以上，弹性与嚼劲极佳，风味淳厚、口齿留香。牙买加蓝山和黄金曼特宁是咖啡类的招牌，味道同样不同凡响。

景点3 樱花林

台中县新社乡协成村协中街6号
04-25815662
至新社沿指示标可抵。

不用远征北海道，也可徜徉于如诗如画的樱花林中，加上壮观的「纯桧木休闲屋」，是少数大型的景观复合式咖啡茶馆。餐饮的多样化选择提供最贴心的服务，让游客有最宾至如归的感受。

景点4 山居玫瑰

台中县新社乡中和村中兴街66-1号
04-25931228
至新社沿指示标可抵。

步上山居玫瑰的栈道，原始的森林气息洒满全身，清新舒爽的感受，远离都市尘嚣。招牌菜「法式香草烤羊排」，表现出主人的专业认真，大块豪迈的羊排入口香浓多汁，齿颊留香，让人大叹过瘾。

安石园

景点5 安石园

台中县新社乡昆山村昆南街95－6号
04-25814302
开放时间：例假日10:00-18:00
平日星期一到星期五以预约方式开放
至新社沿指示标可抵。

安石园的奇花异草吸引许多远道的朋友，来这片涤净尘俗的美地放松心情，看到大自然与人的相处可以是和谐的模式，总让人眷恋不想离去。配合节令的各式养生食补，让身体随着季节的变化可以得到最好的休息。想聆赏宁静的人，请来安石园，体验最怡人的周休二日。

游玩路线 3

丰原市 →11→ 后里乡 →12→ 大甲镇 →7.5→ 大安滨海乐园

【后里乡】

后里古称「内埔」，拥有全台最密集的铜管乐器制造工厂，成为蓬勃的「乐器之乡」，连汽车广告都曾经大肆报导。知名观光景点有后里马场、泰安车站、中社花市、月眉育乐世界、月眉观光糖厂、昆庐寺等，可与丰原地区结合顺路游。

中山高（"国道"一号）→后里交流道→后里。

昆庐寺

景点1 月眉育乐世界

台中县后里乡安眉路115号

0800-054080

中山高（"国道"一号）→后里交流道下沿指示标可抵。

丰势通运直达专车（0800-280008）
台北发车地点：台北南京西路衣碟百货二馆旁捷运中山站第二个出口
台中发车地点：火车站前金沙百货

自由自在，抛开一切束缚，尽情享受马拉湾的异国情调亲水奇境。马拉湾好比一座大型的水迷宫，这里的狂欢气氛比泰国的泼水节还过瘾！只有踏进马拉湾，才能体验这种截然不同的优质度假感受。中台湾的这么一个好地方，除了基本的戏水活动外，也提供美食享受、购物娱乐、主题表演、节庆活动等服务，享受到国际级的休闲娱乐。

景点2 后里乡之最—张连昌萨克斯风纪念馆

台中县后里乡公安路41号
04-25562363

「后里有一群人，他们不但自己玩乐器，自制造乐器，还让自己生产的萨克斯风，在全世界都吹出响亮的声音」！让后里化身为萨克斯风故乡的推手：张连昌先生，在台湾的乐器制造史中，占有不可抹灭的地位。后里已成为制造西洋乐器重镇，成品皆具国际水准，广受世界各地爱乐者推崇。

景点3 后里马场

台中县后里乡广福村寺山路41号
04-25562531
中山高（“国道”一号）→丰原交流道→丰原市→丰中路北上即13号省道过后丰大桥沿指示标可抵。
从丰原或后里搭往昆庐寺的丰原客运，在后里马场站下车。

「马匹大本营」创办于26年，日本侵占时期时代时是台湾总督府的产马牧场，正式成立则在41年，场内有民国初年建筑的马厩，苍翠蓊郁的百龄古树，此外还可欣赏马术表演，或亲自跃上马背奔驰在广阔的草原上，另有许多游乐设施，是一处适合全家渡假的休闲场所。

景点4 月眉观光糖厂

台中县后里乡甲后路864号
04-25561100
中山高（“国道”一号）→后里交流道→甲后路，沿指示标可抵。

近年来观光糖厂的改造相当成功，尤其在夏日总吸引众多「尝冰」的游客。这里设有台糖产品展示区、农村文物展示区、制糖过程解说区等。人人手握一支传统风味的冰棒，可见其受民众喜爱的程度。

景点5 泰安车站

中山高（“国道”一号）→“国道”4号→后丰交流道下→往后里方向接台13线沿指示标可抵。

旧泰安火车站创设于1910年，当时叫做大安溪信号所，后改为大安站，直到民国1954年才改称为泰安。泰安车站的配置相当奇特，因位于两山中的谷地，为了配合两端路线高度，只好将站房设在路基下的下方，入口设在地面，进入月台时须先通过防空洞式的通道，形成月台、铁路在上方的现象。近年铁道怀旧风兴起，美丽的泰安旧站必会成为另一观光据点。

住宿1 泰安车站新干线列车站—火车民宿

台中县后里乡安眉路37之21号

04-25587588

中山高（“国道”一号）→“国道”4号→后丰交流道下→往后里方向接台13线→车行约近6. 8公里即可看见中社观光花市及太平洋化妆品路口右转即可抵。

搭乘台铁西部干线，于台中县泰安新站下车出站即可抵达。

铁道迷们不用怀疑，全台第一家「火车民宿」就在泰安新站！铁道怀旧的观光风潮时兴，旧山线周边的景点也热络起来……由火车「车厢」改建成的新干线民宿，兼营咖啡、简餐、采果、单车之旅等多元种类。车厢除了有亮丽的外观外，并配备最新设施与防焰装修、2–6人房、独立卫浴。从泰安新站往新干线走，「泰安–追火车」造景跟随身旁，浓浓的铁道风情则是最不可或缺的欢乐元素！

【大甲镇】

观光资源颇为丰富，铁砧山是中部著名的旅游胜地，镇澜宫年度庆典更是举世皆知，此外尚有国家三级古迹，文昌祠、贞节牌坊及响誉国际的大甲草席、大甲东陶艺…… 等。

二高（“国道”三号）→大甲交流道→132县道可抵大甲镇。

景点1 大甲镇澜宫

台中县大甲镇顺天路158号

04-26763522

缕缕香烟缭绕，和镇澜宫汹涌人潮融合成一幅图像，一幅台湾信仰浓郁生命力的图像。善男信女手持香火诚心祝祷，香火极其鼎盛，数十年如一日；而每年农历3月23日妈祖生日所举办的由大甲至嘉义新港奉天宫的绕境进香活动，已有百年的历史，在香火袅袅间，用虔诚的心来追逐妈祖的脚步。

景点2 铁砧山风景特定区

台中县大甲镇成功路87号　04-26874543

后里→132县道至大甲→1号省道北上沿指示标可抵。

于大甲搭往苑里、苗栗的苗栗客运，在铁砧山站下车。

昔日因地势险要，郑成功曾于此驻扎，因而有着许多关于历史见证的纪念，如剑井、开台圣王祠等；并结合比邻的永信公园，公园分为运动公园与育乐中心两部分，园内设有各种球场及烤肉露营区，是休闲的好地方。

美食1 先麦芋头酥

台中县大甲镇蒋公路116号

04-26762633

一颗颗饱满的紫芋香酥，就像一朵朵绽放的紫玫瑰，由天然大甲芋头烘烤而成，皮酥入口即化，爽口对味，甜而不腻，素食者可食。

美食2 裕珍馨

台中县大甲镇光明路67号

04-26870929

「酥饼」原是大甲地区的订婚喜饼，裕珍馨多年精心研制的手艺，造就了脍炙人口的「奶油酥饼」，为到镇澜宫进香的游客或是观光客，离开前必带的名产。饼馅采用纯正麦芽糖，酥软透心、香而不腻。这里还设有大甲三宝文化馆，展出关于大甲的珍贵文化。

景点3 匠师的故乡休闲农渔园区

台中县大甲镇如意路32巷2-2号

04-26815925

二高（“国道”3号）→苑里交流道→130县道往苑里→台61号省道→西滨133公里处即抵。

苗栗客运（苑里－大甲）经建兴（苑里－大甲）于建兴站下车即抵。

一处结合花卉观光、海滨生态、传统技艺的多功能游憩区，园区内尚有长约4公里的单车道贯穿，将河口生态区、工艺坊、向日葵花田等景点结合；还可参观闻名遐迩的蔺草编织，其细腻的手工与繁复的编织技巧，充分说明了大甲蔺草编织所特有的艺术之美。

园区有各式的乡土童玩制作DIY，让大人们重拾儿时回忆…… 另外在农村体验区内，夏天来最好了，因为天然的涌泉是小朋友戏水的最佳场地。一旁还有「摸蛤兼洗裤」区，游客可下至清凉的泉水中，弯腰寻找蛤蜊的踪影，体验另类的寻宝乐趣。

匠师的故乡休闲农渔园区

【大安滨海乐园】

距离大甲市区仅有十分钟车程的大安海水浴场，经过重新规划后，已呈现了全新的面貌，成为一多功能性的水上乐园。除了海水浴场以外，还新辟有海洋教育馆、戏水区、露营烤肉区和小木屋可供住宿休憩。「跨海大桥」横跨在滨海乐园的入口，是欣赏夕阳、观星的理想地点！经常在假日期间举办与游客同乐的活动，让海洋假期更加欢乐、过瘾。

台中县大安乡福住村北汕路86巷1号

04-26886288

二高（“国道”三号）→苑里交流道→大甲〈经国路〉右转→大安港路过西滨→大

安滨海乐园。

由大甲搭乘往安田的丰原客运可抵。

游玩路线 4

大安滨海乐园 17 → 清水服务区 13.5 → 高美湿地 7 → 港区艺术中心 6 → 梧栖观光渔市 30 → 追分、成功火车站

【清水服务区】

夕阳西沉染红了台中港的海水，旋即点亮了都会区的夜色，就是这样的美景，成了镁光灯聚焦的所在；除了美景之外，还能观赏鲨鱼生态展及阵容浩大的清泉岗基地停车坪，并品尝中台湾特色小吃。

二高（“国道”三号）→清水服务区。

小吃1 阿财米糕

清水镇光复街49号
04-26229853
筒仔米糕 30台币　萝卜丝肉羹 25台币

清水镇上最著名的米糕老店，饱满的米粒拌着五花肉、蚵仔、虾米、葱酥，淋上特殊酱料，散发浓郁的香味，口齿留香令人难忘，已有30余年历史的阿财米糕，凭借着料好实在、口味一级棒的米糕，成为当地人和游客的最爱。

【台中县立港区艺术中心】

建筑仿闽南风格，古朴典雅，具有本土传统质素及国际视野；不仅仅是文艺演出的舞台，更是台中县文化休闲的集散地。主要可区分为演艺厅、展览厅、演讲会议厅、户外剧休闲区、研习教室区和行政区等几大区域。

台中县清水镇忠贞路20号
04-26274568
开放时间：周二至周日上午9点至下午5点30分　每逢周一休馆
1. 中山高（"国道"一号）→中港交流道→中港路往沙鹿方向，过沙鹿陆桥后，至中华路右转，直行至鳌峰路左转后至镇政路右转即抵。
2. 1号省道到清水镇→接中53县道沿指示标可抵。

【高美湿地】

清水高美湿地位于大甲溪的南岸，面积约300公顷，拥有复杂的自然地貌，如潮溪区、草泽区、沙地区、碎石区、云林莞草区及泥滩区等栖地地型，保有完善的自然生态，可以观鸟、戏水；大安水簑衣属于全世界濒临绝种的物种之一，在这里却仍可觅得踪迹。

中山高（“国道”一号）→中港交流道→台中港路往沙鹿方向，经中栖路转西滨快速道路依指示标可抵。

搭乘台中客运11线或仁友客运40线可抵。

景点1 高美植物园

台中县清水镇三美路248号

04-26112939

中山高（“国道”一号）从31号出口下→接“国道”4号下清水交流道→17号省道→右转接三美路（中51乡道）沿指示标可抵。

复育多种水生植物的高美植物园，以绿意环绕的自然景致令人着迷，目前已有台湾原生树种两、三百种与水生植物一百余种，水鸟、斑鸠更是这里的常客，融合成丰富的生态景观。水生植物中最特别的就是「台湾萍蓬草」—水莲花，四季皆可见池塘里盛开的黄色小花。园区设置有枫林小桥区、向日葵区、碎石步道、蒲葵步道，以及烤肉区。

【梧栖观光渔市】

不仅是品尝、选购新鲜海货的好地方，更可以在沙滩上放风筝、打打排球、河堤上散步、参观海洋世界或者是乘船出海，感受蓝天碧海的召唤，满足了一家大小不同的休闲需求。

台中县清水镇北堤路30号

04-26562631

中山高（“国道”一号）→中港交流道→12号省道西行→沙鹿、梧栖→转临港北路可抵。

于清水或台中市搭往台中港或梧栖的台汽、巨业客运，在港务大楼下车。

【追分、成功火车站】

追分站兴建于日本侵占时期，主体采桧木建筑，结构、外貌保存完整。近来铁路站名配对成风气，且以方圆两公里的追分、大肚、成功三站配起来最有趣。从「追分」坐到「成功」站，象征金榜题名的「追分成功」，也是「追婚成功」；和大肚站结合则是代表早生贵子的「大肚成功」。

中山高速公路王田交流道旁。

①

②

彰化县市 *Changhua*

八卦山上，大佛庄严如一日；鹿港艳瓦飞檐，在古迹流泄的氛围中，信步拜访老匠师的工艺，灿烂地教人心醉。

③

④

1.3. 拥有一百多年历史的三级古迹馀三馆。
2. 瑶林街、埔头街一铺满红砖道的鹿港老街已被列为古迹保护区。
4. 鹿港一状似牌坊的砖造建筑，是目前仅存的古隘门，其上题有「门迎后车」四字。

鹿港一龙山寺

彰化县市

古迹道尽百年兴衰

当地小吃：

永乐街、太平街小吃：虱目鱼米粉、肉包、粿仔汤、凉圆、面线糊、大肠匝。

鹿港民族路市场与天后宫广场一带：虾丸、西施舌、蚵仔煎、虾蛄、雪片糕、千层酥、牛舌饼、口酥饼、凤眼糕。

鹿港天后宫庙口：牛舌饼、蚵仔煎、蚵嗲。

当地特产：

鹿港牛舌饼、二林葡萄、鹿港凤眼糕、猪油荖、糖葱、员林蜜饯、田尾花卉

民俗采风：

鹿港天后宫农历3月23天上圣母祭、天后宫农历正月15元宵花灯、农历5月初鹿港民俗周、农历5月初5端午赛龙舟。

游玩路线 1 (彰化市区)

八卦山 1.5 → 北门口肉圆 1 → 肉包明 1 → 永乐夜市

【彰化市】

彰化市内可游赏的古迹、小吃相当多，如沿着现在的中山路、中正路构筑的彰化古城墙、列为台湾一级古迹的彰化孔庙、和美镇俗称「文祠」的二级古迹道东书院……等，还可品尝地道肉圆老店、逛逛热闹的永乐街夜市。

中山高（“国道”一号）→彰化交流道→中华西路可抵。

搭乘西部干线至彰化站；或搭乘各县市客运至彰化。

景点 1 八卦山风景区

备注:大佛风景区游客中心　04-7224163

中山高（“国道”一号）→彰化交流道→19号省道沿指示标可抵。

于彰化火车站搭乘105、123、133 路彰化客运→于分局前站下可抵。

八卦山风景区周边已整合成完整的观光区，适合一日游散心。登山健行步道和新的景点设施「银桥飞瀑」及「儿童水景公园」、「赏鹰步道」连接，形成一个连续性的水道景观。九龙池梵音水舞表演，气度辉煌，引人入胜，眺望而下综览彰化市区，万千星光点点闪烁，是欣赏夜景最佳去处。山头一架醒目的空军C-119运输机，则是占有绝佳地理位置的Caf'e 119。

小吃 1 北门口肉圆

彰化市中正路一段494号

04-7238678

馅料特选用日本北海道的干贝、埔里花菇、新鲜猪肉及鸭蛋黄，如此上等的食材，让彰化肉圆声名远播。口感浓而不腻，皮Q软而酥脆，再来一碗热呼呼的汤，还真是一种实在的享受。

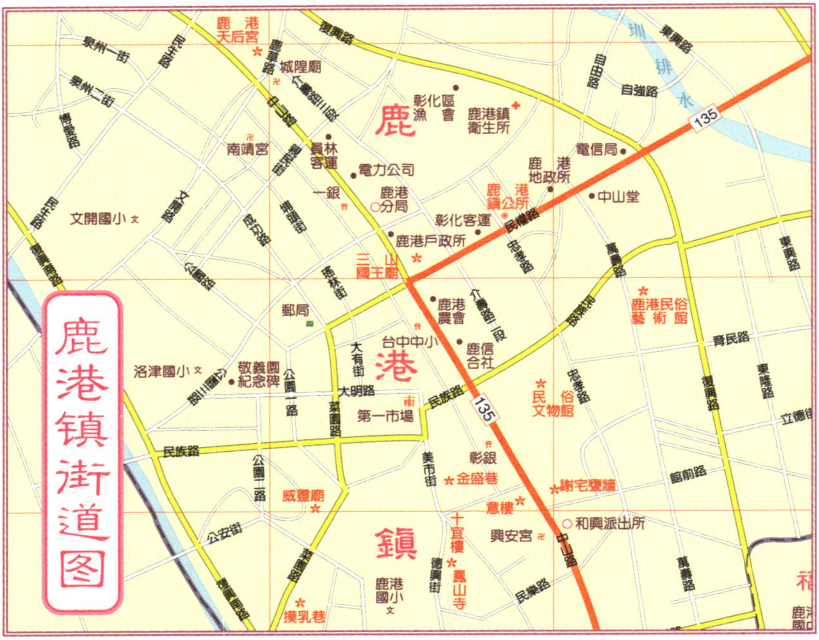

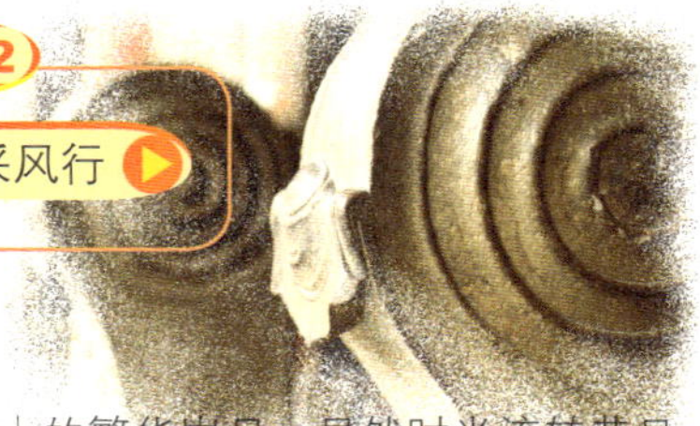

游玩路线 2

鹿港小镇采风行

【鹿港小镇】

鹿港曾有「台湾一府、二鹿、三艋舺」的繁华岁月，虽然时光流转昔日风华已不复见；但其丰富的历史资源、古迹等，却让鹿港小镇飘荡着浓浓的文化气息，吸引着一波波寻幽思古的有心人到访。鹿港知性之旅通常以文武庙或天后宫为起点，沿街尾社区参观地藏王庙、金门馆、杨桥公园到街尾老街，来到龙山寺后沿鹿港国小边一探摸乳巷，再走回九曲巷、古迹保存区再到南靖宫、新祖宫、泉州街、日茂行、天后宫，最后走访中山老街以及民俗文物馆。

中山高（“国道”一号）→彰化交流道→142县道→鹿港；中山高（“国道”一号）→埔盐交流道→东西向快速道路（台19线）→鹿港。

于台中,彰化搭往鹿港的彰化客运。

瑶林街

景点1 意楼

仰望意楼，结实累累的杨桃树散发淡淡果香，这栋诗情画意的闽式闺楼，以凄美的爱情故事闻名－尹娘与其夫相偕居住于此，夫在进京赶考前种下一棵杨桃树，见树如见人一解相思愁，不意其夫竟一去不返，独守空闺的尹娘终因抑郁而亡，而杨桃树却依然生命力盎然，由墙头攀出墙外，在古典窗楼中，流泻怀旧唯美氛围。

景点2 龙山寺

彰化县鹿港镇龙山街100号

04-7772472

号称台湾紫禁城，分为四进三院，不同于一般寺庙的金碧辉煌，龙山寺是朴质无华之美，仔细观察寺庙细部，燕尾飞檐型式高雅、华丽藻井巧夺天工，系木作「榫卯技术」精华之作，完全不用铁钉，五门殿崇伟壮阔，整体比例近于完美，另外细琢的工艺之美，诸如泥塑、交趾陶等，亦令人叹为观止，整体给人另一种升华的沉思悠远之感。

景点3 鹿港天后宫

彰化县鹿港镇中山路430号　04-7779899

在建筑风采、石雕艺术、色彩美学的交融下，让天后宫不仅是一座香火鼎盛的庙宇，更富含了艺术的高度评价，因而吸引了众多信徒前来参拜妈祖娘娘，在禅念中感受艺术薰陶。建筑结构富丽堂皇，雕梁画栋见其匠心，彩绘及木石雕刻，精致珍贵之作品可谓绝无仅有。庙中陈列的珍贵史料及宗教文物，是国宝级的历史文物。

景点4 十宜楼

彰化县鹿港镇中山路147号后面的金盛巷内。

横跨金盛巷两侧，中间以跑马廊相接（即现今的天桥），红砖与暗绿琉璃瓦涸搭出典雅品味，是骚人墨客舞文弄墨忘返的处所。

景点5 瓮墙

彰化县鹿港镇中山路114号和兴派出所旁。

以120个绍兴酒坛作成的墙面艺术，共分为4排，高高的砌在墙垣上，饶富古意；瓮墙在鹿港的传统房舍中是极为常见的装饰手法。

景点6 摸乳巷

摸乳巷又称君子巷、护胸巷，长约90公尺，宽却只有50多公分，由于太过狭窄，最多只可容纳两人擦身而过。如今，此巷幽暗中带给人们无限遐想，也成为鹿港不可缺少的景点之一。

景点7 民俗文物馆

彰化县鹿港镇中山路152号

04-7772019

鹿港名人辜显荣的故居，巴洛克式建筑耸立于如茵绿草上耀眼显目，洋楼落成于1919，宏伟中见其优雅，设计与建材均为当时一时之选，展现幽雅意境。馆中丰富的文物收藏，不仅表现先人的精细巧思，更展现鹿港传统生活的蓬勃文化内涵，有种坠入时光隧道的古朴感觉。

景点8 瑶林街、埔头街

由中山路上天后宫可见瑶林街的入口

铺满红砖道的鹿港老街已被列为古迹保护区，是充满传统风味的民俗艺品街。林立的古式建筑，有种走进武侠拍片现场的古老风情；而琳琅满目的童玩艺品，洋溢着旧时代的味道，叫人爱不释手；就在吃吃喝喝，东买西买中，爱上访古寻幽之旅。

景点9 九曲巷

九曲巷之所以如此曲折，有两大原因，一是为了防风防沙、二是易于防御，冬日寒意迫人时，走入九曲巷内，静暖如春的气息迎面而来，故有「曲巷冬晴」之雅誉。

景点10 文化国宝-吴敦厚灯铺

鹿港镇中山路310号

04-7778937

在不算大的灯铺里到处可见随意悬挂、古色古香的传统灯笼。台湾的文化国宝「吴敦厚」先生自15岁学习制作至今，遵古法制作民艺灯笼已逾60年。其所彩绘的传统灯笼，图桉鲜活，造形栩栩如生，获民族艺术薪传奖。现在造访灯铺犹可见吴大师健壮的身影，各种精美的灯笼饰品也吸引着游客的目光。

小吃1 玉珍斋　鹿港本铺

彰化县鹿港镇民族路168号

04-7773672

年历史老店，伴随鹿港小镇走过兴衰岁月。以传统糕点征服了张张挑剔的嘴，如凤黄酥、凤眼糕……，近年来更积极的开发新口味如小陶饼，在传统与创新中，打造一方与众不同的独具魅力，而在糕饼业屹立不摇。

小吃2 龙山鱿鱼肉羹

彰化县鹿港镇中山路403号　　04-7744230

老店在第一市场前已有50多年历史，肉羹料中最特殊的就是「肉炸」，有排骨酥的口感，吃起来相当有饱足感；另外料好实在更不用说，鱿鱼Q软有劲，整碗吃完，满足的表情显现在每个人的脸上。

小吃3 老师傅鸭肉羹

鹿港镇民族路159号

04-7776629

全去骨鸭肉片配上切细的笋丝，这种独特做法的鸭肉羹只有在鹿港的「老师傅」才吃的到，每次造访鹿港总会来「回味」一次；还有Q软的米糕搭配，光用看的就叫人食指大动。

小吃4 振味珍肉包

彰化县鹿港镇中山路71号

04-7772754

上午9点至晚上6点　全年无休

同样也是百年历史老店，已是第八代传承，众多名人来访、媒体争相报导不稀奇，阿振肉包甚至曾是「国宴」上的主角。络绎不绝的人潮，说明了美味包子诱人的魅力实况，是来古镇非尝不可的地道小吃！

游玩路线3

八卦山昆虫生态休闲农场 7.5 → 花坛 12 → 员林 8.5 → 社头

【八卦山昆虫生态休闲农场】

以呈现完整昆虫生态为诉求，以生态工法营造其生存环境，借由解说员生动的导览介绍，让每位游客徜徉在大自然的怀抱下，了解昆虫的生长，提供亲子生态教育休憩之园地。举办昆虫生态体验之旅，并配合彰化县政府发展八卦山风光导游为主轴，辅以生态教育之旅，成为假日休闲的好场所。

彰化县芬园乡旧社村大彰路五段51号　04-7870851

二高（"国道"三号）→草屯芬园交流道往芬园方向→台湾民俗村方向沿指标可抵；中山高（"国道"一号）→王田交流道往草屯、南投方向→台14线→台湾民俗村方向沿指示标可抵。

【花坛乡】

在饮料广告：「向日葵花海」的推波助澜下，花坛与向日葵与老树间有了亲昵的对话，这样原始纯净的乡村风，震撼每颗驿动的心，也开启了花坛的休闲产业风潮。

中二高接中彰快速道路台74线→台74甲线→可抵花坛。

景点1 虎山岩

台74甲线3.8k处转进往虎山岩沿指标可抵。

花坛乡虎山岩为三级古迹，历经二百多年历史仍保有古朴风貌，因位处的山形宛如虎踞而得名，庙内主祀观音菩萨。虎山岩旅游服务站紧邻虎山岩，展示虎山岩历史沿革、供奉神祀、宗教民俗礼器等内容，从虎山岩旁的大岭巷往山上走，有条新辟的健行步道，全长八公里，每逢假日都有民众来此休闲、运动。

美食1 竹子的家

彰化县花坛乡岩竹村听竹街13号

04-7876479

台74甲线3. 8k处转进往虎山岩的产业道路可抵。

爱上了这儿的餐点，是我常到访的理由，不论是起士高钙锅、烧烤羊小排、限量的海鲡鱼餐……都美味的叫人赞不绝口。而园区遍植数十品种的竹子，更叫爱竹的人，沉浸在竹的风雅里。

景点2 三春老树休闲农场

彰化县花坛乡长春村油车巷271号
04-7860779
沿台74甲线沿指示标可抵。

规划有咖啡厅、焢窑烤肉区、大自然生态区、花卉健康步道、沙滩越野车、各类蔬果种植区。在丰富的园区设施里，追寻一份来自原野的泥土香，一份属于童年的回忆，快意地消磨假日时光。

【花坛公有市场小吃】（中正路与平和街口）

中山高（"国道"一号）→彰化交流道→中华西路（台19线）→接中山路（台一线）南下→可抵中正路。

小吃1 安昌肉圆、碗粿

上午8点至下午5点10分

是便宜又大碗的传统美食，40年的风味传承，高品质的坚持、纯手工的肉圆制造、中药提炼的高汤、及绝对不用回锅油，如此用心的经营精神，由衷令人佩服。

小吃2 花坛肉羹

上午7点30分至下午1点

在安昌肉圆过两条小路附近，芳香扑鼻而来的美味小吃就是花坛肉羹。似乎不惜成本地放入大量鱿鱼，着实令人食指大动，除了三大节日休息以外，几乎全年无休。

【员林镇】

花坛→台1线可抵。

员林镇因为气候、地理条件、及物产资源的充分配合之下，成为全台湾最适宜制造蜜饯的地方，自然也成为蜜饯的最大产地。员林人专长蜜饯制造，「蜜饯王国」的封号至今仍旧不可动摇，来员林没有吃到蜜饯，可是很可惜的喔。

景点1 新百果山游乐园

彰化县员林镇出水巷15－30号

04－8363286

中山高（“国道”一号）→彰化或员林交流道下→员林大同路→员水路→沿指示标可抵。

搭乘彰化客运，往田中方向在百果山站下车。

百果山是员林镇内知名的游乐区，有面积广大的花园区，依季节之不同种植各种花卉，一片万紫千红构成一幅美丽的欧洲风情；还有海洋动物生态区、可爱动物区及植物园、古风浏览馆等，适合全家大小一起畅游。

美食1 富田蜜饯

彰化县员林镇仑雅里员水路一段389巷67号

04－8310745

遵循古法研制，各式的茶梅、花茶梅、水果梅、药膳养生梅等，俱将梅的健康食用功能极至发挥。再加上精美的礼盒包装，不论是自用、送礼两相宜，工厂备有门市部可供采买，爱上酸甜梅滋味的人，可别错过了。

美食2 黑竹园鸡脚冻

彰化县员林镇员水路一段676巷12号

04－8313929

传自清宫御厨的美食风味，富有高营养价值的鸡脚冻、鸡翅、鸭翅，为传统中药炖煮，齿颊留香的美味小吃，除了可于门市购买以外，更与宅急便结合，全省低温配送，全年无休。

【社头—长青自行车道】

全长约15公里，起点于田中森林公园仁爱之家旁，终点分别为护天宫与横山，全线蜿蜒穿行在山林之中，自然生态景观资源十分丰富。由清水岩露营场出发区分为逍遥游路线及挑战级路线，骑乘在绿林夹道的长青自行车道上，健身休闲两相宜。

中山高（“国道”一号）→埔盐系统交流道→台76线东西向快速道路（往员林）→141县道（员集路）南下可抵社头清水岩路。

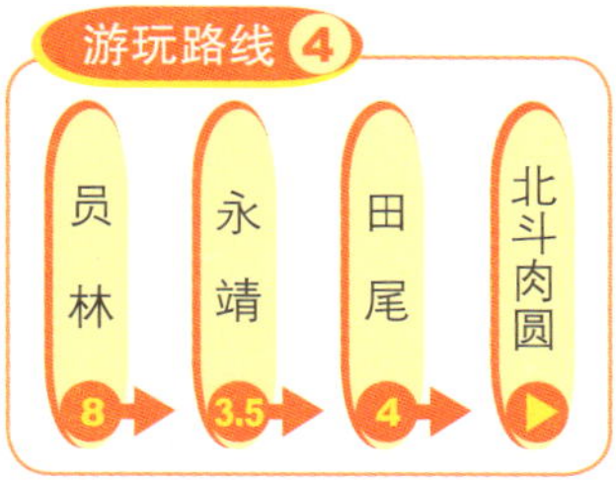

【永靖乡】

花坛→(台1线)→员林→永靖。

永靖近年来与田尾致力于发展园艺事业，使其独树一格的盆景事业颇负盛名，有「苗木之乡」美誉。乡境内留存有众多家庙、祠堂等古迹，除能欣赏庭园及繁花美景外，还可饱览传统文化之美。苗圃间的产业道路发达，可与田尾园艺区衔接旅游。

景点1 余三馆

中山高（“国道”一号）→员林交流道→员鹿路（往员林）→台一线南下至永靖港西村可抵。

拥有一百一十多年历史的三级古迹余三馆，为单落双护龙式建筑风格，精美雕饰值得一游，此外还有陈氏家庙绳武堂、高厝安宅堂、魏氏成美公堂及武德等传统建筑，各有特色。古迹庙宇之旅可以从余三馆开始，再到五福宫、和德园、忠实第、郑成功纪念公园、甘霖寺、霖济宫等。

【田尾公路花园】

田尾广植花卉植物，让「花的故乡」之美誉不迳而走。沿着台一线走来，总被两旁的花海盆栽，给迷惑了，各色缤纷的花卉，不住的招唤着蛰伏心灵的渴望，该下车走走了！公路花园有两个起点，一是南入口民族路，一是北入口民生路，不论从哪儿开始，都有个美丽的开端。走累了，不妨租个单车，顺着地上的单车路线指示标，缓缓的骑入田尾的产业道路，看看满园的菊花在风中招摇，瞧瞧一大片的向日葵花海，在阳光下舞动金黄羽翼，人生何等悠闲写意。

松锰休闲车出租　地址：田尾乡民族路105号
电话：04-8836061

永靖→（台一线）→田尾。

振亿兴花园一千万榕树
180公分宽、250公分高

景点1 芳香玫瑰园

彰化县田尾乡打帘村民生路1段355号

04-8220707

玫瑰园顾名思义，只卖玫瑰，300多个品种，让游人眼花撩乱。已有20年历史的玫瑰园，有20年的玫瑰树，树比人高，相当珍贵。园主自己培养出稀有特定品种，如黑衣仙子、香水玫瑰等，这些全省独一无二的品种，可都美的叫人心悸。

景点2 长青园艺

彰化县田尾乡打帘村民族路508－2号

04-8231947

旋转风车、挑高的室内设计、明亮的空间铺陈，以及热情的南洋风布置，打造了一方无压力的对话天堂，用餐、喝咖啡都是一种享受。而陶艺、押花、果冻蜡、组合盆栽的DIY教学，更让大、小朋友玩得不亦乐乎。

【北斗肉圆生】

北斗名闻遐迩的「肉圆生」，历史悠久，目前是第四代传人在经营着，以特选的地瓜粉加米加面粉，以一定比例混合，做出来的皮才会Q软有弹性；内馅以古坑特产竹笋为主，切成细丁，再经过脱水、调味的过程，单单是这样干吃，清甜的笋香早把我的食欲招来；再佐以猪的后腿肉为馅，新鲜第一。此外肉圆生酱汁的特别更不用多说，以酱油、豆瓣酱、辣椒…… 经由大火拌匀，沥去酸、涩、咸味，吃起来独具味道。到访北斗，可别忘了来品尝这传统的好滋味。

清蒸肉圓

彰化县北斗镇中华路192号

www.ptmbs.com.tw

04-8871349

上午8点至晚上9点半

❶

南投县 *Nantou*

郁郁苍苍、绿意满襟；冰清玉洁、水色起伏；风起雾落、气象万千…… 领略真正的台湾风貌，来做野花与山鸟的朋友吧。

1. 日本明治神宫的大鸟居原乡——杉木池。
2. 车程火车站——集集支线的终点站。
3. 台大梅峰农场花影缤纷。
4. 明琴清境山庄——明亮的窗台设计。
5. 台大梅峰农场的郁金香花海。

太鲁阁国家公园合欢山管理站

南投县

好山好水的生态大县

当地小吃：

日月潭“总统”鱼、信义路肉圆、中山路古早面、竹山镇顶横路阿婆碗粿、民族路南投苦仔嗲。

当地特产：

埔里绍兴酒、集集香蕉、草屯双冬槟榔、鹿谷冻顶乌龙茶、鱼池阿萨姆红茶、埔里红甘蔗、竹山红蕃薯、信义丰丘葡萄、名间松柏长青茶。

民俗采风：

农历8月15日月潭观光季、农历正月16开台圣王祭、农历3月初3玄天上帝祭。

【埔里镇】

想要饱览南投县的观光行，不论是往雾社、合欢山；或是往日月潭、水里的方向，埔里都可当作一个指标起始点。埔里镇当地的自然观光区虽然较少，但也是有不少可游可逛的好景点。

"国道"三号→下中兴系统交流道往草屯方向行→埔里。

游玩路线 1

埔里 11→ 鱼池 3.8→ 九族文化村 3.2→ 日月潭风景区 25→ 集集

景点1 埔里观光酒厂

南投县埔里镇中山路3段219号

049-2901649

台湾第一个「酒文化馆」，保存了酒厂的历史及沿革；每年举行「绍兴酒文化节」，积极发扬绍兴酒的珍贵文化。光临埔里酒厂，让你体验酒香的无限魅力。

景点2 桃米生态村

桃米社区发展协会：

049-2918030

"国道"三号→草屯交流道→台14线→台21线（经暨南国际大学）→往前行即可看见桃米里。

搭乘国光客运直达埔里，再电请民宿主人接送。

位于海拔400到800公尺之间的桃米社区，地形四面环山，所在地就像一个洼地，现有大小湿地一百多座，是一处丰富的生态天堂。目前加入桃米生态村社区联营民宿的有7间，每间都有属于自己的风格，像是绿屋民宿、红瓦厝、挑米农庄等。踏上桃米生态村，徜徉在大自然里，可以安排一趟丰富的生态之旅。

桃米

景点3 广兴纸寮

- 南投县埔里镇铁山里铁山路310号
- 049-2916899
- 经台14线过爱兰桥左转（往大斜坡）→爱兰村→沿指示标可抵。

埔里手工造纸业由来已久，并已成为当地特有文化产业之一。在广兴纸寮，可以参观珍贵的手工造纸技术，及稀有的纸工艺品。

【鱼池-三育基督书院】

- 南投县鱼池乡琼文巷39号
- 埔里往鱼池经中潭公路路旁约15分

在日月潭附近，被群山环抱的三育基督书院，远离尘嚣校风淳朴，有如世外桃源的风景值得一游。

住宿1 鲤鱼潭 天水莲大饭店

- 南投县埔里镇鲤鱼2巷20号
- 049-2903411
- 埔里市区信义路→地理中心碑→行约1.5公里右转鲤鱼路可抵。

湖光山色，素有「小西湖」美称的鲤鱼潭，湖上有水上脚踏车、浪漫天鹅船伴你轻松游湖，两人共乘协力车更是恣意徜徉的选择。而傍水伫立的天水莲大饭店，在湖光山色的衬托之下，让人将尘嚣中的恼人俗事完全抛在脑后。天水莲大饭店拥有72间舒适客房，户户面山近水，风光极美。

住宿2 玉门关山庄

南投县国姓乡北山村种瓜巷29号

049-2450199

“国道”三号→草屯交流道→台14线→北山隧道→右转投147线道路进入北山村沿指示标可抵。

搭乘国光、全航客运至埔里北山村，由主人接送。

玉门关山庄民宿前有一大庭院，别具乡野悠闲风味，不时伴随着蛙鸣声的乡野雅趣，是这的独享；玉门关瀑布景致优美，自然生态资源丰富，穿草鞋溯溪，不但可以拥抱亲水生态，还可体验浓郁的古早味；主人安排的一系列导览行程，适合全家大小到此游玩。

【九族文化村】

南投县鱼池乡大林村金天巷45号

电话：049-2895361

传真：049-2896233

“国道”一号或三号→台中（中港交流道）→台74线中彰快速道路→台14下经草屯→转台21线至鱼池→九族。

台中火车站搭乘台中的仁友客运直达九族文化村；或从埔里转搭南投客运或埔里小巴士直达。

原住民文化是台湾的瑰宝，能够透过旅游来认识及了解，是另一种生动活泼的方式。刺激的游乐设施、富丽的欧洲宫廷花园、原住民生活园区，及四季变换的自然风貌等每一个都是园区内吸引人的项目，其中以娜鲁湾剧场的原住民歌舞秀最具代表性。

【日月潭】

悠闲的傍水景致，舒适的让人全然放松。天空中飘来的白云，倒映在湖面上，拥有这样美景的地方，就在台湾最大的内陆湖泊—日月潭。拥有每年数以万计国内外游客来探访的日月潭，四季风情、晨昏情调，各有独特的美，为台湾重点风景区。

住宿

日月潭教师会馆
☎ 049-2855991
哲园名流会馆
☎ 049-2850055
富豪群渡假别墅
☎ 049-2850307

“国道”一号或三号→台中（中港交流道）→台74线中彰快速道路→台14线下经草屯→转台21线至鱼池→日月潭。

于埔里搭乘南投客运或丰荣客运往日月潭班车。

景点1 水社坝堰堤公园

原是为了疏通水量而兴筑的一条木栈道，烟波浩然的景色已成为一大赏景地点，为整体风貌增添柔和的感觉，或坐或站，将心情放逐在山水之间。

景点2 月潭自行车步道

由玄光寺为起点，沿着公路前行，到环湖一号隧道口就进入木板专用道部分。不过此段坡度很大，建议用牵车的方式观赏丰富的生态，途经许多观景台及野餐区，下到平地即为环着月潭的平地专用道。

景点3 文武庙

文武庙主祀关帝，香火鼎盛，久为日月潭一大胜景。登上文武庙后殿山坡，可以远眺日月潭丽景，视野壮阔。

景点4 自然步道

水蛙头自然步道位在大竹湖与日月村之间，步道长约五百多公尺，行约30分钟。而猫头鹰雕像就是土亭仔自然步道的入口，土亭仔附近昔为邵族祖居地，步道长约六百多公尺，沿途弯曲起伏，林木繁茂。步道尽头设置展望楼，可眺望远山近水及夕照美景。

景点5 玄奘寺

玄奘寺前临拉鲁岛，后依青龙山，风水上称之为「青龙戏珠」宝地。玄奘寺分两层，分别供奉玄奘舍利子与释迦牟尼佛金身。

【集集】

集集小镇的独特风情，在哪里？在闻名全台的绿色隧道；在古意盎然的集集火车站；在人文气息的各式窑场……最令人动容的，当然是从921重生中，坚忍不拔的生命毅力。游览小镇，可以单车为代步，轻松漫游。

住宿

集集大饭店

049-2760778

集集镇旅游渡假中心

049-2762988

1. “国道”1号→中清交流道→中彰快速道路→中二高（“国道”3号）→名间交流道→集集。
2. “国道”3号→名间交流道→集集。

1. 搭乘集集线铁路于集集站下
2. 台中干城、南投市搭乘往水里的总达客运，在集集下车。
3. 二水、员林、竹山搭乘往水里的员林客运，在集集下车。

景点1 集集火车站·铁路文物博物馆

小镇地标－集集火车站，满载地方的情感，在经过重建整理后，以复古的日据时代面貌和大家见面。一旁的铁路文物博物馆有集集镇模型、怀旧照片、及当地名家的陶艺作品。

景点2 明新书院

集集镇永昌里东昌巷4号

明新书院为古朴的三合院建筑，庙埕及绿地景观优美宜人，院内摆放着石磨、酒坛、犁、蓑衣、石臼以及制茶车等民俗文物，富有浓郁的农村悠闲的气氛。

景点3 集集绿色隧道

集集前往名间的152号县道两旁，樟木老树浓密高大，绿荫凉爽。绿色隧道与铁路平行，边骑着脚踏车边享受悠闲时光，看着火车缓缓驶过的画面，深深觉得拥有了最简单的幸福。

景点4 添兴窑（集集蛇窑）

- 南投县集集镇田寮里枫林巷10号
- 049-2781130
- 每日早上8点30分－下午5点30分 周一休园
- 搭集集支线至龙泉站下车，步行350公尺即可达；国光、员林客运往水里班车在添兴窑门口下车。

添兴窑园区内，保留一座已有48年历史的蛇窑，在台湾可是数一数二的「活蛇窑」。窑场陈列众多精致陶艺作品，户外有露天咖啡座，可以边闻着咖啡香、边沉浸在绿色隧道的风声树影中。

游玩路线 2

集集 11 → 水里 20 → 风柜斗 18 → 东埔温泉区 2 → 八通关古道

风柜斗 → 新中横公路（台21线） 70.1 → 塔塔加游憩区 70.1 → 玉山『国家』公园

【水里】

一想到水里，第一联想到的就是水里蛇窑。近年来在观光产业大量建设下，水里地区的景点也更多样精制；水里与集集地区距离相当近，可做一天的观光行程，以集集线火车作为观光的路线也很合适。

1. 中山高（“国道”一号）→中清交流道→中彰快速道路→“国道”三号→草屯交流道→台14→水里。
2. 二高（“国道”三号）→名间交流道→往集集方向→水里。

于埔里搭乘往水里方向的各种公、民营客运抵达水里。

景点1 水里蛇窑陶艺文化园区

南投县水里乡顶崁村顶崁巷41号

049-2770967

早上8:00-下午5:30

从水里市区沿台21线信义方向约3公里处有路标指示可达。

蛇窑是一处赏陶、捏陶、买陶的艺术园区，以陶艺教学和文化推广为主。绵延的蛇窑保存完好，还可生火烧陶；游览美不胜收的园区，众多小巧的陶工艺品让人爱不释手。

景点2 车埕火车站—秘密花园

从水里市区沿投131线往鱼池方向，前进路程依往车埕的指示标前进。

车埕火车站是集集支线的终点站，紧邻明潭水库，素有「最美的小站」、「秘密花园」之称。目前所见的车站样貌，为921地震后所重建规划的，50年代的木材旧厂房和砖造房舍，增添了怀旧情调。车站周边有许多新兴景点，如酒庄、木工艺品DIY、杉木池、观水步道、老街等。

景点3 车埕酒庄

南投县水里乡车埕村民权巷118号

049-2870399

来「车埕酒庄」可品尝铁道名酒，参观酿酒过程解说，梅产品同时融入车埕的铁道文化，将主力酒品取名为铁道公主、车埕老站长、烈车长等三款；另有梅酒果冻、梅味香肠、酒蛋等小吃，颇受消费者喜爱，车埕酒庄与怀旧的朋友热情邀约。

景点4 木之村木工教室

水里乡车埕村民权巷101号（杉木池旁）

049-2777240

车埕木之村为休闲木工DIY的教学教室，亲手做出实用的木头作品，满足感不言而喻；另有团体的导览解说服务（约40人、600台币起），想认识车埕的人可得赶快预约哕。

景点5 上安香菇教育农场

南投县水里乡上安村安村巷77号
049–2821199
水里市区沿台21线往信义方向过上安村即可达。

上安香菇教育农场是一处富有自然生态教育意义的地方，农场主人导览介绍香菇的培育、生长、采收，同时满足眼福与口福。

住宿1 老五民宿茶馆

南投县水里乡上安村安村巷101－7号
049–2821005
水里市区沿台21线往信义方向过上安村即可达。

老五门前有小溪，是主人自己动手挖的溪潭，自然的生态环境，溪中可见许多土生土长的原生动植物，在这里住上一天，回归自然怀抱。

【风柜斗】

适宜的气候和土壤，使得信义乡成为台湾最大的青梅产区，其中又以风柜斗地区的梅园最负盛名。冬天梅花盛开，清明时节梅果成熟；严冬时山上花海非常壮观，彷佛洒落一地的白雪。

"国道"三号→名间交流道→台16线→台21线→信义→风柜斗。（过中油加油站往爱国方向到爱国后见风柜斗指示标走）

于南投埔里搭乘往信义乡、和社、东埔、草坪头或神木村的员林客运，于信义下车，沿着产业道路经爱国桥，自强桥，步行约3公里前往，或于信义时搭乘计程车亦可。

景点1 乌松仑

到信义乡沿台21线指示标，右转过爱国大桥，依指示标可抵。

乌松仑隶属玉山山脉，紧临风柜斗，梅树的历史也相当悠久，令人惊艳的是，在梅树下盛开着油菜花，黄色与白色的花海相互辉映，是如梦似幻的浪漫景致。梅树苍劲挺拔，踏雪寻梅、花影缤纷，阵阵幽香扑鼻而来，让人沉醉在这片如梦风情中，心清灵动。

景点2 乌松仑森林渡假营

049-2791769

满山遍野梅花盛开之际，壮丽无比，漫步于幽香梅林里，真令人有如置身云端仙境一般。迎着山风，沐浴在花海中，梅香袭人，让人大呼过瘾！渡假营有民宿、露营区、赏梅步道、风味餐饮等设施，游客尚可迳赴采梅园体验采梅乐趣，同时在梅林中DIY制作脆梅，住宿用餐请事先预约。

景点3 信义酒庄

南投县信义乡明德村明德街29号

049-2791949

08:00～17:00

公休：全年无休（除夕除外）

水里→台21线（往东埔）即可抵。

台中干城车站搭客运到水里→改乘员林 客运往神木、同富、东埔路线→在信义下车即可。

融入布农传统设计的马赛克装饰吧台、鹅卵石砌成粗犷的墙面、原住民图腾、多彩的酒瓶设计…… 充满了浓浓的「原乡」风格，因为位于全国最大的梅子产区内，而信义乡又是布农族的原乡，因此将梅子产业和布农族传统，融入在酿酒文化中，这样用心的创意真令人赞赏。

【东埔温泉区】

东埔温泉属于弱碱性碳酸泉，夏天避暑、冬天泡汤，原始的绿野山林任人徜徉。温泉区位于玉山景观路旁，是往八通关古道必经之处，有许多优质的饭店供游客选择。

"国道"三号→名间交流道→台16线→台21线→信义→至同富转投60线→东埔温泉。

搭乘员林客运(水里站)→东埔温泉。

温泉1 帝纶温泉大饭店

南投县信义乡东埔温泉86号

049-2701616-8

位于陈有兰溪畔，郡大山、望乡山山脚下的帝纶温泉大饭店，是一座提供多样化民族风情的温泉饭店，以欧洲中古世纪风格做为建筑外观，将东埔的文化内涵及现代健康养生观念进行结合，建造出台湾首创第一座室内温泉养生水疗馆。

洞窟式温泉SPA水疗馆，透过水的冲击与压力，使全身自然地接受刺激，在获得运动纾解的同时，亦可与朋友家人闲话家常，充份达到健康、运动、休闲、社交情谊的功能。位于顶楼的露天浴池和桧木桶温泉，让原本就已十分完善的泡汤设施，注入了新的生命。

东埔全景

温泉2 真和园温泉小木屋

南投县信义乡东埔村开高巷125－2号
049–2701588

露天温泉水疗SPA，包覆在重山之间，蓊郁的山头、苍茫的天空，以石块堆砌的池岸，与大自然的景色合而为一。

温泉3 沙里仙温泉度假农场

南投县信义乡东埔村30号
049–2702310

蔚蓝的天空下，青山翠谷泛着奕奕神采，令人为之动容，使得泡汤时达到最充分的休息。

温泉4 沙里仙度假饭店

南投县信义乡东埔温泉74号
049–2702988

浸泡在露天温泉中即可望见青山绿水，绝佳的视野不但可俯瞰东埔温泉，还可与彩虹瀑布遥遥相对。桧木桶泡汤是沙里仙度假饭店的一大特色；汤屋采原木隔间，每间均开有一处观景窗，浸泡在以桧木桶盛装的温泉水中，闭上眼睛察觉鼻尖飘散着淡淡的桧木香气，睁开双眼一片湖光山色尽入眼帘，所有的疲惫与忧虑皆随着蒸气消融了。

【八通关古道】

八通关由于位处古道与登玉山道路的要冲，居边防要塞，日本侵占时期在此设有警察驻点处。古道多隐藏于山谷中，风景秀丽景色宜人，东埔到八通关草原是全线精华路段，途经父不知子断崖、云龙瀑布等，是时下登山健行的热门路线。

"国道"三号→名间交流道→台16线→台21线→信义→至同富转投60线→东埔→步行至八通关古道。

景温 1 云龙瀑布

在东埔三大瀑布中最为壮观，走八通关古道即可抵达。瀑布水流由山壁中窜奔而出，水质特别地沁凉。

【新中横公路】（台21线）

新中横公路编列为18号及21号省道，其中景色精采的阿里山至和社路段，已规划为玉山景观公路。沿着新中横公路前进，会经过许多壮观的景点，像是夫妻树、神木村、鹿林山区、观峰等。季节对了可以看到沿途盛开的山樱花，繁花美景让人大呼过瘾。

【塔塔加游憩区】

塔塔加游客中心设施完善，旁边有一步道平台的设置，是眺望玉山景致的极佳据点；从新中横石山服务站到塔塔加游客中心之间的公路沿线，都属于此区的涵盖范围。

高山峻谷中除了蕴含丰富的地理景观外，同时也拥有珍贵的资源宝藏和生态环境。大自然中蕴藏丰富的动植物资源，这片珍贵的山林需要你我共同的爱惜与保护。

塔塔加游客中心：049-2702200
设有餐厅供应热食

玉管处水里游客中心：049-2773121

“国道”三号→名间交流道→台16线→台21线→塔塔加游憩区。

从阿里山或南投信义乡搭计程车或小巴前往。

游玩路线3

埔里 22 → 雾社 20 → 奥万大森林游乐区 29 → 庐山温泉区 11 → 清境地区 23 → 合欢山

名兰枫香花园

【雾社】

雾社地区海拔1148公尺，气候凉爽，每逢冬春之交梅樱争艳、花海灿烂，美景宜人。雾社是往奥万大森林游乐区、庐山温泉区、清境农场合欢山的交叉地，也是路途中点的休息站。此区景点有碧湖（万大水库）、莫那鲁道纪念碑、民宿及山菜野味餐厅。

"国道"三号（二高）→草屯交流道→台14线→雾社。

由埔里搭乘往雾社、庐山、松岗、翠峰的南投客运，在雾社下车。

民宿1 名兰枫香花园

南投县仁爱乡大同村仁和路3－1号

049-2802251

"国道"三号（二高）→草屯交流道→台14线→雾社前78.5K处右侧叉路见指示标可抵。

名兰枫香花园民宿，满足的是我们自小的愿望，在花草树木间跑跳自如，感受的是一份来自原乡的呼唤。占地三甲多的园区，就像一座万花园，大吃健康美味的有机水果，找回悠闲的渡假步调。

【奥万大森林游乐区】

名气响亮的赏枫地点奥万大，在枫红时节总是游人如织，红枫、雪梅为奥万大带来了生气蓬勃的彩色世界，满山遍野的枫叶如秋诗篇篇，引人心醉。其中有完整的枫香纯林充满原始的林趣，也有经过特别规划的赏鸟步道，红叶秋林与潺潺悦耳的溪水声，令人不知觉忘却尘俗。

林务局南投林区管理处

山庄：049-2974511

备注：山庄住宿及餐饮须先预定。

"国道"三号（二高）→草屯交流道→台14线→雾社→奥万大森林游乐区。

在南投搭乘前往奥万大的南投客运，每天有三班。埔里在假日也有班次前往。南投客运：（049）984031

【庐山温泉区】

庐山温泉区群山环绕；经常是烟雾迷漫，风情独特，是久负盛名的泡汤渡假景点。温泉随季节的变化而升降，泉水清澈无味，可浴可饮，有治风湿、神经痛等功效。庐山温泉商店街在假日夜晚总人声鼎沸，好吃好逛的非常多。每当樱花盛开时节，整个温泉区一片花海，缤纷亮丽的景致，最为动人。

“国道”三号（二高）→草屯交流道→台14线→雾社→庐山温泉。

在台中搭台汽至埔里→再由埔里转搭南投客运往庐山。

南投客运：（049）2984031

温泉1 庐山闲云温泉会馆

南投县仁爱乡庐山温泉荣华巷97号

049-2803846

沉浸在露天SPA池与对山遥望，氤氲的水气，模糊了俗世的视界，洗尽尘世铅华，让心境回归到初生时的清明无忧；沿着鹅卵石步道来到了私密的家庭池，以天然岩壁为屏障，隔绝了外界的纷扰，偌大的泡汤池，可以或坐、或躺，好不快活。夜宿闲云温泉会馆推开雕花木门，从彷古的梳妆镜台上看见了一朵朵会心的笑颜，阳台上露天咖啡座延揽了繁星点点的夜色，超优的汤屋不仅有超大的汤池，还备有桧木桶泡澡盆，此外并且贴心的为小朋友准备了小小板凳，让他们也能享有观赏的大视野，这些琳琅满目的细腻服务，让渡假不仅仅只是渡假，更是一种尊宠。

温泉2 庐山园游泳池大饭店

南投县仁爱乡精英村荣华巷12号

049-2802367

庐山园是一处悠游于温泉与茂密森林中的渡假饭店，空气清新、青山环绕、鸟语花香，宛如人间仙境。徜徉在纯天然地热碱性碳酸泉，享受芬多精森林浴的洗礼，豪华多样的温泉设施，带给游客最顶级优质的服务感受，可以消除疲劳、健身养颜，留下一趟难忘的温暖回忆。

温泉3 小境家旅店

南投县仁爱乡庐山温泉荣华巷37－1号

049-2802555

依傍山势而建的小境家旅店，为日式庭园造景，在这里泡汤，呼吸的是山林间的清新气息。大、小二处日式大众露天泡汤池，大池温度约40度，小池则约36度，水质为碳酸氢钠泉，无色无味，有治疗风湿的功能，泡汤池设有水柱冲击按摩，是消除肩膀紧绷的最佳方法。

【高山的清纯胜地-清境地区】

清境地区一年四季如春、气候舒爽，是台湾人气最旺的避暑胜地；清新的空气、辽阔壮观的视野，立足于青青草原之上往下眺望，总让人心旷神怡。这座散发凉意的山城，午后偶尔飘来一阵浓雾，将彩色世界染白，大自然的诗情画意，伸展成一座美丽的山野舞台。

“国道”三号（二高）→草屯交流道→台14线→雾社→台14甲线→清境。

在埔里搭往松岗、翠峰的南投客运，至国民宾馆、清境农场下车。

清境农场：049-2802222

清境国民宾馆：049-2802748

清境旅游导游图
往合歡山
台大梅峰農場
滇缅的家
松岗的家
丰田农场
清境驿站
松崗派出所
豐田農場特產部
合欢雅筑
富嘉果园
格林雅筑
岚庭雅筑
清境家园
黄庆果园
寞内花园
长白山
岭仙花园山庄
御花园
娜嚕湾
尚品度假村
畜牧中心
麓景山庄
日日山庄
柏克莱
蜂蜂場
綿羊秀
展販區
楓樹林
步步高升步道
畜牧步道
玛格麗特步道
云顶山庄
民生果園特產部
民生果园
落日步道
台一花卉園
幼獅露營區
小瑞士花园
柳杉步道
爱和华
国民宾馆
遊客休閒中心
维也纳
清境國小
湘晴
源庭茶霖
见晴山庄
兹心园
维多利亚
西雅图
山水缘
翠湖步道
情境龙庄
阳光花园
卢森堡
五里坡
以马内利
仁愛國中
塔洛湾
佳美
山居
山水缘茶庄
妙君的家
导览图解
六大步道
民宿/旅館
遊客休閒中心
停車場
農特產
綿羊秀
1 翠湖步道 全程2300公尺步行約60分鐘（單程）
2 落日步道 全程1000公尺步行約30分鐘（單程）
3 柳杉步道 全程750公尺步行約25分鐘（單程）
4 步步高昇步道 全程1600公尺步行約50分鐘（單程）
5 瑪格麗特步道 全程600公尺步行約50分鐘（來回）
6 畜牧步道 全程500公尺步行約30分鐘（來回）

清境一年四季采果赏花：

- 1月赏梅花
- 2月赏樱花
- 3月赏李、桃花、品尝桂竹笋
- 4月梅子成熟、喝春茶、赏山杜鹃
- 5月摘红肉李、赏奇异果花
- 6月水蜜桃(早桃)、加州李成熟
- 7月水蜜桃(中桃)、喝夏茶
- 8月水蜜桃(晚桃)
- 9月二十世纪梨、蜜苹果、喝秋茶
- 10月枫红
- 11月品尝奇异果、山桐子果红、喝冬茶

景点1 青青草原

青青草原开放时间：
平日：上午8点至下午4点
假日：上午8点至下午5点

绵羊脱衣秀时间：六、日二场，早上9点30分、下午2点30分　暑假除星期三外每日都有。

活动1 原野文化之旅

联络人：何福生
049-2801929

透过当地清境人组成的「原野文化之旅」活动，详尽的解说，能完全体验森林野趣。在荡吊绳当泰山时，可以尽情的学泰山叫「喔－依－喔」，将心情High到最高点！

备注：导览内容～松岗社区导览、昆虫馆、森林步道、历史文物馆、清境介绍。

每逢假日，青青草原上最令人期待的就是绵羊脱衣秀，看羊毛从绵羊身上脱下来的模样，彷佛脱下一件厚重的羊毛大衣，逗趣而可爱。

美食1 鲁妈妈云南摆夷①料理

南投县仁爱乡大同村博望巷42号
049-2803876

各式香料美食，有摆夷大菜「包料鱼」，吃来皮香脆、料香辣，口感极佳，还有云南腊肠、炸牛皮、竹虫、云南大薄片……等，独特风味绝对能令老饕满意得大呼过瘾。

民宿2 阳光花园山庄

南投县仁爱乡大同村荣光巷50号
订房：049-2803768

户外庭园是全日照的空间，处处充满了阳光与活力。山庄为全新的欧式木屋建筑，原木香气随时都享受的到自然的气息。

民宿1 清境珂之幄山庄

南投县仁爱乡仁和路206-11号
049-2802388

梦想中的房子－有着如茵的绿色草皮，在花园里植满锦簇缤纷的花草，山风一起，花海任风一波波摇摆；推开窗就能看见满城山色，这样一种回到家的感觉，叫人舒服的笑开怀。

① 摆夷，即傣族。

民宿3 娜噜湾度假山庄

南投县仁爱乡大同村仁和路206号

049-2803088

往清境农场，过青青草原之后不到一分钟即到达娜噜湾。

早晨以翠绿山野为幕、鸟啾为乐伴奏；四季之美在娜噜湾显露最佳丰姿，这里的确是个度假的好地方。

民宿4 御花园景观山庄

南投县仁爱乡大同村仁和路214号

049-2803356-9

顺着龙纹图腾来到了参天杉木夹道的御花园，浓烈的复古中国风，泯去了硬体建筑的霸气，凭添几许优雅，每一间雅致的客房各自拥有一片山色与蓝天，好不写意。

民宿5 丽景花园山庄

南投县仁爱乡大同村仁和路207号

049-2803199

随性的挑一扇窗，都能惊见满山的绿，这里是台湾最高的香草城堡，就让薰衣草的香弥漫在旅行的好兴致中。在丽景这一方天地，大口的呼吸这高海拔山区特有的清新空气，大胆的作作白日梦，一切就是这么快意。

民宿6 绿杨景观温泉山庄

南投县仁爱乡大同村仁和路208号
049-2803358

风光旖旎的清境在2003年10月终于有了第一口温泉井，当碳酸气泡自地底涌出的那一刻，成就了台湾乃至亚洲温泉最高点。在台湾岛最美的山头，寻觅这来自地心1500公尺下的温热源头，改写了台湾温泉史，撼动了“爱汤”一族，在天光一色水烟袅袅间爱上这清境第一泉－绿杨。

民宿7 明琴清境山庄

南投县仁爱乡大同村荣光巷43号
049-2803888

清境之美牵引着每一颗驿动的心，在能高、奇莱、合欢等百岳环绕下，有着如诗如画如梦似幻的美景；漫山的青青草原缀上闲逸的绵羊群，刻划了欧洲风情，邂逅了浪漫国度；而我在这个山城发现了清境之最最浪漫、美丽的后花园－明琴清境山庄。

民宿8 星光流域

南投县仁爱乡清境农场30－1号
049-2802543
尚品餐厅
南投县仁爱乡仁和路206－1号
049-2802410

单纯的给客人一种无压力的空间，感受回到家的温馨，极简的欧风设计，让阳光与心情共谱甜蜜恋曲。果岭和虫虫工作室的设计，让游客能玩得尽兴，特意独立出来的尚品餐厅，则营造一个最为静谧渡假情境。

民宿9 源庭茶霖

南投县仁爱乡大同村定远新村18－2号

049–2802382

在这海拔既适合茶叶生长，又适合居住的清境，兼营起民宿，一种属于家人的亲切，满溢着浓浓茶香，品味到庄稼人的热情。

民宿10 事外桃源

南投县仁爱乡大同村定远新村38号

049–2803989

这里有着独具的宁静，大白天也听得到虫鸣鸟叫，离清境最浪漫的7－11、薰衣草森林及青青草原只有2–5分钟的车程，难得这一片闹中取静的净土。窗台援引青山景致为装潢，是无压力的舒适空间。

民宿11 龙泉山庄

南投县仁爱乡大同村寿亭巷31号

049–2802000

无阻拦的视野完整呈现了日出、云海、山景、彩虹…… 等景致，外观并不怎么突出的龙泉山庄，内在美可有意想不到的惊奇！

民宿12 兹心园度假山庄

南投县仁爱乡大同村荣光巷36号

049-2801376、2803607

园内四季展现不同风貌，繁花似锦、蛙鸣鸟叫、处处有不同的花卉及果树，春赏樱、桃花；夏采桃李、樱花果；秋闻桂香、听秋蝉；冬赏梅、观雪景。适合啜饮悠闲下午茶观云雾、品尝美味可口的风味晚餐，或品茗浪漫晚茶数星辰，真乃人生一大享受。

民宿13 聚彩园

南投县仁爱乡大同村博望巷96号

049-2803410

以风铃草、玫瑰、紫罗兰、薰衣草、向日葵的颜色来彩绘客房的外墙，鲜明的色调与单纯的天空蓝、百岳的青翠有着强烈的对比，这清境的最高民宿，彷佛一个精雕细琢的艺术王国。

民宿14 挪威森林

南投县仁爱乡大同村仁和路210－3号

049-2803822

欧风的建筑裹上艳黄色的外衣，耸立在台14甲线上，春夏时刻宛若阳光下两朵灿烂的向日葵，三面环山的优势让客房有了最棒的赏景角度，轻易将山城气象的幻化拥入怀。

民宿15 五里坡

南投县仁爱乡大同村信义路40号

049-2802333

五里坡是一处最贴近心灵性情以及吃得到健康蔬果的地方。主人的风格，成就了五里坡的逸致风味，拥有台湾找不到第二处的玉石工作室，让没有机会参与制玉过程的人，大开手戒，而且还可以将制作的玉石带回家喔！深夜品茗后山的有机桂花茶，清雅甘醇。深情感受，闻得的不只是茶香，还有浓得化不开的温馨情怀。

民宿16 见晴花园度假山庄

南投县仁爱乡大同村定远新村18-1号

049-2803162

紧邻清境农场的见晴花园山庄，取名为「见晴」二字，即是取日语意义中「居高临下、眺望美景」，有着清境仙境的涵义。目前有十四间主人细心规划的舒适客房，造景设计的巧思，窗户衬着屋外苍翠凝寂的山色，彷佛是一幅挂在墙壁上的壁画；在这里也可以享用地道的摆夷风味餐，每一道菜都腴而不腻，每到假日餐厅里总是饕客甚多。

【合欢山】

合欢山居南投、花莲交界，雪景是合欢山最吸引人的观光资源。春夏可赏花避暑，秋冬踏青玩雪，一年四季风光无限。武岭是观赏群山壮景最佳的据点，回眺公路景观，俯看合欢群山，远望奇莱群峰、南湖大山，视野壮阔。雪季赏雪须防塞车，山上常有高冷蔬菜（白菜、高丽菜）出售。

游玩路线 4

竹山 10 → 鹿谷 2.5 → 凤凰谷风景线 9 → 小半天 11 → 溪头森林游乐区 19 → 杉林溪森林游乐区

【竹山】

竹山顾名思义，因为盛产竹子，当地的竹子工艺自然最为发达，像是竹席、竹篓等各式竹编织品，是来到竹山不可错过的特产；小吃则有竹桶饭、笋乾、红番薯等，于当地悠久的土地公庙「紫南宫」前的竹艺街，可以把特产小吃一网打尽。

“国道”3号（二高）→竹山交流道→台3线→竹山。

从台中市、草屯搭乘总达或联营客运；从员林搭乘员林客运；从斗六搭乘台西客运，皆有往竹山班车可抵。

竹山乡公所：049-2642175

景点1 青竹竹艺文化园区

竹山镇富州里富州巷里富31号

049-2623928

名竹大桥→社寮社区<紫南宫也在同一路线上→中洲国小→富洲里活动中心→沿指示标可抵。

在园区主人规划下，青竹竹艺文化园区共培养了百余种竹品种，每逢假日有导览人员解说竹子生态，是认识竹、观赏竹、购买竹产品最好的地方。竹子搭建而成的凉亭、拱桥、房舍，园区处处散发着自然风情。另有烤蕃薯及烤竹筒饭区，是四季皆宜游玩休憩的好去处。

景点2 竹馆厝

竹山镇保甲路96号

"国道"3号（二高）→竹山交流道→台3线→竹山→竹管厝（台3线转县151甲，约1分钟即可到达）。

这座完全由竹子搭成的建筑，外部敷上米糠和泥土溷合成的涂料，其最大的优点就是冬暖夏凉，非常舒适。现为庭园餐厅式的经营，提供简餐和饮料，在竹屋内用餐休息，别有一番风味。

【鹿谷】

茶乡鹿谷，以「冻顶乌龙茶」闻名海内外，为国内茶叶生产重镇。特产孟宗竹笋味道香郁甜美，为当地餐厅必备佳肴。鹿谷乡境内景点众多，凤凰谷风景区、小半天、溪头森林游乐区都属于其范围内；可先品尝地道冻顶乌龙茶及风味餐，再前往各景点游览。

"国道"3号（二高）→竹山交流道→台3线→延平→投151线→鹿谷。

【小半天】

「小半天」是由竹林、竹丰、和雅三村组合而成，这里有葱绿的竹林茶园景观、亲切温馨的民宿、风味地道的特产佳肴……最适合做2-3天的行程规划，这块由竹林和茶园拼凑成的自然胜地，有许多独特的观光宝藏，让旅游更丰富。看见竹子作成的各种工艺品当成路标或装饰，惊喜之余，跟着走，慢慢发现这个社区是多么用心地经营观光业。小半天所有的民宿采统一窗口、公定价招揽，由旅游服务中心统一接单及安排，观光导览解说亦可安排。

小半天旅游服务中心：049-2677323

"国道"3号（二高）→竹山交流道→台3线→延平→投151线道→鹿谷→广兴→光复3.5公里可抵。

【凤凰谷风景线】

凤凰谷区域景点其实不少，沿着路线走，可以参观凤凰谷鸟园、冻顶山、开山庙、凤凰山寺、台大凤凰茶园、凤凰休闲农场等，适合顺路一日游。着名的凤凰谷鸟园宛如一处大自然的有机教室，鸟儿飞翔觅食；草木自在生长，大自然巧妙的生生不息充分展现。

台大凤凰茶园 049-2752843　凤凰休闲农场 049-2752217

凤凰谷山庄 049-2754359

凤凰谷鸟园 鹿谷乡凤凰村仁义路1－9号 049-2753100

"国道"3号（二高）→竹山交流道→台3线→延平→投151线道→鹿谷→沿仁义路可抵沿途景点。

【溪头森林游乐区】

溪头三面环山，雨量充沛，气候凉爽，一年四季游客络绎不绝。如人间仙境般的氤氲竹林，最为人所钟爱。区内古木参天，遍植桧木、杉木及孟宗竹，风景区包括竹类及树木标本园、苗圃、银杏林、鹿苑、神木、大学池、青年活动中心、赏鸟步道及孟宗竹林等；另有旅社区、露营区、餐厅，餐宿齐全。

- "国道"3号（二高）→竹山交流道→台3线→延平→投151线道→鹿谷→可直达溪头、衫林溪。
- 在台中搭往溪头、杉林溪的联营客运；或在竹山搭往溪头、杉林溪的员林客运班车。

住宿1 明山大饭店

南投县鹿谷乡内湖村兴产路2-3号

049-2612121-3

明山大饭店位处于风光明媚的溪头台大实验林第二入口处旁，园区占地约七千八百余坪，除有依山而筑的大楼休憩区外，更设计有20余栋不同风格的森林别墅。饭店内附属设施一应俱全，配合溪头当地的乡土风俗文化，让您的渡假生活更为丰富。而在我们对自然的崇敬和保育的努力下，园区内鸟语花香、古木参天。置身于明山，与森林相融、大地为伍。

【杉林溪森林游乐区】

杉林溪海拔约1600公尺，自然原始的山林丘壑，占地广阔，数万公顷的杉林，造就最原始的森林浴场。森林公园曲径通幽、林影乱花；四季花开则装点出姹紫嫣红的彩色世界。杉林溪支流有一处涓涓细流的泉水，所经之地遍植石楠树，故称石楠泉，呈现清新的风貌，让人流连忘返。

- "国道"3号(二高)→竹山交流道→台3线→延平→投151线道→鹿谷→可直达溪头、衫林溪。
- 在台中搭往溪头、杉林溪的联营客运；或在竹山搭往溪头、杉林溪的员林客运班车。溪头有专车开往杉林溪。

清境周边民宿

位置图参考 P209

名　称	电　话	地　址
山居	(049)2801080	南投县仁爱乡春阳村3邻龙山巷67号
以马内利	(049)2801077-8	南投县仁爱乡大同村信义巷37号
五里坡山庄	(049)2802333	南投县仁爱大同村信义巷40号
西雅图	(049)2803516	南投县仁爱乡大同村荣光巷39号
维多利亚	(049)2801133	南投县仁爱乡大同村荣光巷40号
兹心园	(049)2801376	南投县仁爱乡大同村荣光巷36号
妙君的家	(049)2801606	南投县仁爱乡大同村寿亭巷27号
阳光花园山庄	(049)2803768	南投县仁爱乡大同村荣光巷50号
清境龙庄	(049)2802999	南投县仁爱乡大同村荣光巷37号
香格里拉	(049)2802166	南投县仁爱乡大同村荣光巷8号
见晴花园山庄	(049)2803162	南投县仁爱乡定远新村18-1号
维也纳	(049)2803192	南投县仁爱乡定远新村29号
民生果园	(049)2802364	南投县仁爱乡大同村仁和路182号
云顶山庄	(049)2802713	南投县仁爱乡大同村幼狮段209号
丽景花园山庄	(049)2803199	南投县仁爱乡大同村仁和路207号
寞内花园	(049)2803810-1	南投县仁爱乡仁和路219号之1
格林雅筑	(049)2803028	南投县仁爱乡大同村仁和路219号
富嘉果园	(049)2802970	南投县仁爱乡大同村仁和路223号
丰田休闲农场	(049)2802838	南投县仁爱乡大同村博望巷9-6号
松岗的家	(049)2801483	南投县仁爱乡大同村博望巷36,50号
清境驿站	(049)2801850	南投县仁爱乡大同村仁和路210号
山水缘农庄	(049)2802171	南投县仁爱乡大同村信义巷39号
爱和华	0919-039147	南投县信义乡定远新村10-1号
源庭茶霖	(049)2802382	南投县仁爱乡大同村定远新村18-2号
湘晴	(049)2803901	南投县仁爱乡大同村定远新村18号
塔洛湾	(049)2803839	南投县仁和路信义巷25-1号
山水缘茶庄	(049)2803171	南投县仁爱乡大同村信义巷41号
卢森堡	(049)2801511	南投县仁爱乡大同村寿巷11号

名称	电话	地址
黄庆果园	(049)2995727	南投仁爱乡大同村仁和路217-1号
娜噜湾休闲渡假山庄	(049)2803099	南投县仁爱乡大同村仁和路206号
御花园景观餐厅	(049)2803356	南投县仁爱乡大同村仁和路214号
长白山农场	(049)2802998	南投县仁爱乡大同村仁和路218号
柏克莱	(049)2803758	南投县仁爱乡大同村任和路186-2号
尚品渡假村	(049)2803777	南投县仁爱乡大同村仁和路206号
佳美休闲山庄	(049)2803940	南投县信义乡大同村信义巷80号
岭仙花园山庄	(049)2803166	南投县仁爱乡大同村仁和路217号
滇缅的家	(049)2802095	南投县仁爱乡大同村博望新村博望巷26号
清境家园	(049)2803293	南投县仁爱乡大同村仁和路206-2号
岚庭雅筑	(049)2803856	南投县仁爱乡仁和路206之3号
合欢雅筑	(049)2992015	南投县信义乡仁和路博望巷1-11号
日日山庄	(049)2803826	南投县仁爱乡大同村仁和路207之2
绿杨景观温泉山庄	049-2803358	南投县仁爱乡大同村仁和路208号
明琴清境山庄	049-2803888	南投县仁爱乡大同村荣光巷43号
珂之幄山庄	049-2802388	南投县仁爱乡大同村仁和路206-11号
事外桃源	049-2803989	南投县仁爱乡大同村定远新村38号
龙泉山庄	049-2802000	南投县仁爱乡大同村寿亭巷31号
天祥茶行	049-2801567	南投县仁爱乡大同村信义巷36-1号
聚彩园	049-2803410	南投县仁爱乡大同村博望巷96号
挪威森林	049-2803822	南投县仁爱乡大同村仁和路210-3号
云之瀑渡假村	049-2803695	南投县仁爱乡大同村信义巷13邻79号
瑞典假期	049-2803982	南投县仁爱乡大同村荣光巷9-9号
星光流域	049-2802543	南投县仁爱乡清境农场30-1号
云舞楼	049-2803700	南投县仁爱乡定远新村32-1号
岚山小镇	049-2803849	南投县仁爱乡仁和路210-1号

螺大橋
陳誠

云林县 *Yunlin*

剑湖山、酱油、花生、西瓜…… 朴实的人情味，是浊水米的故乡；热闹的古坑华山，则是台湾咖啡的新故乡。

1. 西螺大桥为每年大甲妈祖绕境的必经路线。
2.3. 剑湖山世界各种好玩刺激的游乐设施。
4. 喜拉朵的台湾咖啡。
5. 假日到西双版纳享用优质餐点，是不错的选择。

北港朝天宫

云林县

蓬勃的咖啡新文化

当地小吃：

北港朝天宫庙口鲁熟肉、担仔面、花生油、五条港、三条仑海鲜

西螺镇平和路红豆麻糬、花生麻糬、咸麻糬

西螺镇光复路红烧豆枝羹、番薯粥

西螺镇建国路麦芽酥、圆仔雪冰

当地特产：

草岭苦茶油、北港花生、北港麻油、西螺酱油、西螺西瓜、西螺浊水米、大埤乡酸菜、竹笋、柳橙、文旦柚、古坑咖啡

民俗采风：

农历正月15北港朝天宫元宵花灯、农历3月23日北港朝天宫天上圣母祭、农历3月间北港朝天宫大甲妈祖出巡（回娘家）

游玩路线 1

西螺风情游 14 → 斗六 11 → 古坑 4.5 → 剑湖山世界 5 → 华山

【西螺风情】

提起西螺，一般的第一印象都会是最有名的「西螺酱油」。西螺地区土地肥沃、物产丰饶，至今仍留下许多垦拓的遗迹。像是西螺老街「延平路」一带，仍保留日本侵占时期的古洋楼；古迹名刹则有老街的福兴宫和新街的广福宫；百年历史的振文书院；及全台最大的祠堂「张廖家庙」等，值得仔细玩味。

中山高（“国道”一号）→西螺交流道→台一线省道可抵。

各县市客运均有抵西螺班车。

景点 1 西螺大桥

中山高（“国道”一号）→西螺交流道→台一线省道→154县道可抵。

由西螺镇上沿中山路、建兴路步行可抵。

西螺大桥于日据时期建造，横跨浊水溪，全长约2公里，完工当时为东亚第一长桥。气势恢宏壮丽，在当时是伟大的工程，并成为西螺人的骄傲。红色的西螺象征，依旧是独一无二的观光景点。每年会在大桥举行文化活动、园游会等，并设有咖啡座提供休憩，贴心独特。

【斗六】

途经斗六镇可以参观规划完善的观光夜市，填饱肚子。夜市位于民生南路上广场，其中多是由「么鬼街」、「公正街」迁来的小吃摊，多的是店龄20年以上的老牌小吃，如老吴牛肉面、当归鸭、花生豆花……等。还有位于大学路上的「台湾寺庙艺术馆」，呈现布袋戏与寺庙的经典艺术，值得一游。

台湾寺庙艺术馆 地址：斗六市大学路3段310号 电话：05-5345950

西螺→台一线省道、台一丁省道→西平路→可抵斗六市区。

搭乘西部干线火车于斗六下车。

【古坑—绿色隧道】

由斗六通往古坑的台三线上有一条芒果绿色隧道，自日本侵占时期便已种植，沿路两旁绿叶茂密，是炎炎夏日最佳的庇荫地方。每到黄昏，芒果绿色隧道内，可见散步人群行走其间，悠闲而自在。

斗六→台三线→古坑。

景点1 柳岸caf'e

云林县古坑乡永光村大湖口1-7号

05-5828236

位于天然湖泊「剑湖」附近的柳岸caf'e，是一家能够眺望湖光美景的咖啡馆，在后院种植有大片的台湾咖啡，并自行烘培及产销，因此制作品质都能一清二楚；咖啡迷来这里可以认识咖啡的完整制作过程。

景点2 太平洋SPA健康休闲会馆

云林县斗南镇明昌里建国三路7号

05-5954181

下“国道”1号斗南交流道→省道1号进入斗南市区→转建国三路续行抵

太平洋SPA健康休闲会馆希望为工作繁忙的现代人开辟一座心灵花园，是一座兼具水疗、住宿、美容美体、餐厅的复合式渡假休闲会馆。采用德国高科技的水疗KURHASU SPA，利用活水舒缓全身，达到养生健康的功效。而为了全面营造渡假氛围，南洋风情境套房格局采开放式设计，处处充满着惊喜。

【剑湖山世界】

剑湖山世界从1986成立至今，称之为云林县境内人气最旺的观光据点并不为过，以不断推陈出新的大型游乐设施取胜。园区内的玩乐主题有耐斯影城、摩天广场、和园纪念花园、剑湖山博物馆……等，可谓汇集休闲、游乐、文化、科技于一体的游乐园。此外距离剑湖山游乐园区步行仅5分钟路程的剑湖山渡假大饭店，舒适宽敞的空间，沉淀你玩乐后的疲惫。

云林县古坑乡永光村大湖口67号　　05-5825789

二高（“国道”3号）→梅山交流道→162县道→3号省道→沿指标可抵。

于斗六搭乘台西客运；于台中市搭乘仁友客运；于彰化搭乘彰化客运往剑湖山世界班车。

【华山赏景品咖啡】

华山地区属于云林后山，自日据时代便有栽种咖啡的纪录。云林台湾咖啡以「荷苞山」栽种面积最大，日本人于荷苞山经济农场直营地内栽种约75公顷的咖啡园，因此荷苞山亦有「咖啡山」之旧称，享誉一时并流传至今。来华山登山健行、品尝咖啡，是最风行的休闲运动。

二高（“国道”3号）→梅山交流道→162县道→3号省道→149县道可抵华山。

由斗六搭往樟湖；由斗南搭往华山的台西客运可抵。

景点1 华山步道

海拔400多公尺的华山村，空气凉爽舒适，当地人最常攀爬的健行山路从华山国小开始，行走小径上，两旁绿树夹道，由于阶梯规划良好，因此非常适合全家出游健行，步行一圈约1个多小时。累了中点站还有间云山小座，卖有山野菜、当地小吃及饮料，可以在此休息。

美食 1 喜拉朵庭园咖啡

云林县古坑乡华山村19-11号

05-5900399

华山→149县道→沿指示标可抵。

专业的烘焙技术是喜拉朵最出名的地方，这里有最新鲜的台湾咖啡，现磨现煮，还设有「烘焙教室」让大家认识咖啡的烘焙过程。喜拉朵的台湾咖啡？不是吹的！香度、醇度、浓度、入喉回味的滋味，是台湾特有产地的「本土派」，喝遍大江南北的咖啡，也该来喜拉朵走一遭。

美食 2 西双版纳

云林县古坑乡华山村36－1号

05-5900478

华山→149县道→沿指示标可抵。

室内可以透视辽阔的山野景观，户外庭园景致优雅，呼吸大口的新鲜空气，在西双版纳嗅到悠闲的气息。旁边就是华山休闲步道，假日来华山森林浴养精蓄锐一番，再到西双版纳享用优质餐点，是周休二日一个不错的选择。

游玩路线 2

马鸣山镇安宫 14.5 → 台西海滨之旅 13.5 → 三条仑休闲渡假村 22 → 北港 1 → 北港朝天宫 ▶

镇安宫

【马鸣山镇安宫】

镇安宫已有三百余年历史，香火鼎盛，主祀五年千岁。因五年千岁共有十二尊，圣诞各有不同，为方便祭祀，于每年农历10月29日总合祭祀，每五年并举行一次建醮大祭典，信徒们并称之为「五年到科」，为褒忠乡的大日子。镇安宫殿分三进，建筑巍峨，雕饰细致华丽，寺内古匾颇多，值得参观。寺前庭园辟为五年千岁公园，内设高山石林，壮丽庭园造景，入园门票50台币。

中山高(“国道”一号)→斗南交流道→158县道经虎尾→褒忠→沿指标可抵。

【台西】

台西乡主力的产业为养殖业，主产牡蛎、文蛤、虱目鱼、鳗鱼及淡水鱼类；农业特产则为蒜头、西瓜、甘蔗、蕃薯、落花生等。云林县为促进观光事业发展，特以台西安西府为主要中心，积极进行开辟台西海埔新生地、离岛工业区及海园观光区等景点，朝海洋综合观光区发展迈进。台西海园观光区有如棋格般的青蚵养殖、白鹭鸶觅食、台湾最西边的落日等美景。

中山高（“国道”一号）→斗南交流道→158县道→158甲县道→台17线可抵安西府。

于台中干城站搭联营车在五条港下车；于斗六搭台西客运直达车或虎尾站转车。

【三条仑休闲渡假村】

三条仑是一处纯朴的渔村，包青天祖庙「海清宫」，为当地信仰中心。渔村丰富的海鲜渔产，吸引不少到北港进香的游客，顺道来访。渡假村设施有木屋、露营区、戏水区、沙滩排球……等，还有农渔文物展示馆，展示60年代的农渔具。

云林县四湖乡仑北村海清路　05-7721941

海水浴场开放时间：5～10月　上午7点至下午7点

1. 台西→台17号省道可抵。2. 中山高（“国道”一号）→斗南交流道→158县道→19号省道→160县道→沿指示标可抵。

由北港搭台西线嘉义客运到三条仑站下可抵。

【北港】

北港胡麻油、花生、花生油、蒜头、酱油等为闻名全省之特产。朝天宫周边的中山、公民路一带聚集传统小吃、饼铺、油行……，想找美食的饕客往这走准没错。共和老街上犹存暗街、瓮墙、义民庙…… 等历史遗迹，值得寻幽探访。

1. 三条仑→160县道→四湖→155县道→北港。
2. 中山高（“国道”一号）→嘉义交流道→159县道→164县道→北港。

于台中、斗六、西螺搭乘台西客运；于嘉义搭乘嘉义客运往北港。

【北港朝天宫】

北港朝天宫旧称天妃庙或天后宫，为了纪念分灵自湄洲祖庙－朝天阁，才改名为朝天宫。因神迹灵验，已成为台湾妈祖信仰的龙头大庙！每年由春节至农历3月，各地信徒及分灵庙宇陆续回北港进香，规模十分盛大，而3月19至20日的绕境游行，更是锣鼓喧天，万人空巷，为妈祖香期最高潮。

北港镇中山路178号

05-7832055

至北港沿指示标可抵。

①

嘉义县 *Chiayi*

祝山日出生生不息，在万重峦嶂、莺蝶缤纷间跃……北回归线分别热带与亚热带，这里的山水，峥嵘比美……

1. 让观者莫不赞叹天地穹苍鬼斧神工的「燕子崖」！
2. 全省第一大水库－曾文水库。
3. 天长地久吊桥。
4. 欧都纳山野度假村。

阿里山

嘉义县

山屏水镜 · 诸罗新貌

当地小吃：

新港生炒鸭肉羹、碗粿。东石蚵仔、各式海鲜。布袋蚵嗲、虱目鱼丸、虾猴。阿里山野菜、竹笋、高山茶。中和村火车饼、公婆饼

当地特产：

方块酥、新港饴、栗仔糕、阿里山茶、吴凤薏苡胚芽茶、大埔麻竹笋、梅山爱玉子、阿里山栗仔粿、阿里山山葵、高山茶、阿里山爱玉子、椪柑

民俗采风：

农历3月23日新港镇奉天宫天上圣母祭、农历3月初6：光路里玄天上帝庙（4年1次）嘉义秋千大赛、公历2月15吴凤乡达邦村邹族丰年祭

游玩路线 1

童年渡假村 6 → 中埔 14.5 → 达娜伊谷 15 → 茶山村 4 → 大埔 3 → 欧都纳山野渡假村 26 → 曾文水库大坝

【童年度假村】

占地宽广的童年度假村，设施多到让你「玩不完」！不论是校外教学、团体活动、家庭休闲都非常适合。有戏水区、露营烤肉区、蝴蝶萤火虫生态馆、漆弹射击、果园采果、大地游戏、沙滩车、焢土窑、捉泥鳅、各种DIY活动、五星级加拿大原木屋住宿…… 眼花了吧！在这里重温童年欢乐，不仅是小朋友们的快乐天堂，更是大朋友们的最佳休闲去处。

嘉义县番路乡下坑村下坑51号（大雅路台三线路口）

05-2590536

二高（“国道”三号）→中埔交流道→18号省道→3号省道→159甲县道沿指示标可抵。

于嘉义搭乘往半天岩、大湖的县营公车，于下坑香蕉市站下车可抵。

【中埔】

从中华民俗村开始，台3线接135县道，景点有独角仙牧场、桶头山的石碄林场，或是盐馆村的绿盈牧场，都值得一游。

二高（“国道”三号）→中埔交流道→18号省道→3号省道→中埔。

景点1 中华民俗村

嘉义县中埔乡社口村社口一号　05-2536601

二高（“国道”三号）→中埔交流道→18号省道→沿指示标可抵。

于嘉义搭往阿里山、奋起湖、触口的公车或客运，于吴凤庙站下车可抵。

园区琼楼玉宇、诗意盎然的中国闽南式宫阙建筑，为建筑大师汉宝德精心规划、全台湾仅有之艺术林园。园内除了刺激的游乐设施外，还设有民俗、蜡像、古董等展示馆，是处老少咸宜的知性游乐园地。

景点2 绿盈牧场

绿盈牧场

- 嘉义县中埔乡盐馆村4邻2之3号
- 05-2538505
- 门票：50台币/人
- 中埔→台3线→盐埔社区→沿指标可抵。
- 于嘉义搭乘湾潭路线的嘉义客运→于盐馆站（牧场门口）下车可抵。

专业备受肯定的养牛博士颜志辉，将牧场转型为休闲观光经营，让嘉南地区民众一起分享这片人间净土。目前已开发规划为草原牧牛区、可爱动物区、露天咖啡吧、烤肉垂钓区、网室木瓜园、龙眼荔枝园、牛奶有机蔬果园、青蛙生态池、亲子戏水区、滑草场、昆虫生态区……等，不仅如此，绿盈牧场生产的鲜奶品质优良，可别忘了喝杯最鲜美的现挤鲜奶喔！

景点3 独角仙牧场

- 嘉义县中埔乡石硦村15邻45号
- 05-2030666
- 门票：免费
- 中埔→台18线→台3线→经顶六后接135线道→沿指示标可抵。
- 于嘉义搭乘澐水路线的嘉义客运→于中埔站下车，再转搭计程车。

「年轻、活泼、朝气」的独角仙形象招牌，深深烙印在游客脑海中，别出心裁为小朋友们设计的体验活动及游乐设施，让大人有童心未泯的乐趣，小朋友更是快乐的不得了。如「喂小牛喝ㄋㄟㄋㄟ」、「槟榔陀螺DIY」、「鲜奶馒头制作」、「独角仙标本制作」、「网室树蛙观摩」等趣味活动，让游客都玩的不亦乐乎，更从过程中与大自然紧密互动，获得宝贵生态知识！

达娜伊谷

【达娜伊谷】

达娜伊谷溪蜿蜒于阿里山乡山美村，气候宜人、风景秀丽，青翠山脉绵延不绝，静谧小径经阳光照射，显得生气十足。另外溪水清澈见底、巨石嶙峋，成一处遗世独立的世外桃源。溪中孕育了国宝级保育鱼类－高身鲴鱼，目前共规划了三个赏鱼区，端午节前后村中会举行「宝岛鲴鱼节」。山林悠静的休闲步道，沿途可观赏茄苳神木，行在绿树夹荫的小径，耳里听不尽的虫鸣鸟啼，悉心体验大自然的奥妙。

达娜伊谷自然生态公园管理站　05-2513246

二高（“国道”三号）→中埔交流道→台18号省道→龙美→转往山美可抵。

于嘉义市搭往达邦、奋起湖、阿里山的县营公车，于龙美站下，再转搭民营车辆前往。

【茶山村】

走入茶山，一路上发现每间屋子前面都有一个各具特色的凉亭，除了有让路人躲雨的功用外，是有文化意义的。在过去原住民打猎捕获猎物时，便会用呼喊声告知村民，烹煮猎物与大家一起享用。这种「分享的文化」一直到现在仍然保有，是一年一度的凉亭节（11月份）的由来。茶山有许多特色民宿，大部分都有导览套装行程。

1. 达娜伊谷→沿产业道路行可抵。

2. 二高（“国道”三号）→中埔交流道→台18号省道→台3线→大埔拱桥→茶山。

于嘉义市搭往茶山的县营公车，预约店家接驳。

民宿2 麓盹家庭民宿&生态教育园区

嘉义县阿里山乡茶山村3邻75号
05-2513243
同开元休闲农场

LUDEN为布农族语，意思为「山中的小屋」。因为未经人为的开发破坏，四处都可见虫鸣蛙吟、花香蝶舞，是一处大自然瑰宝的桃源地。随着优美的环境走一趟田园步道，彷佛走进生态园区，认识台湾原生种的野生动植物，不仅是小朋友最好的户外教学，更是健身运动带来最大的收获。

民宿3 波鱼雅娜

嘉义县阿里山乡茶山村第一邻11号
05-2513006
同开元休闲农场。

丰富的动植物生态景观，及琳琅满目的野生蔬果，来到波鱼雅娜就是一连串的惊喜。独具特色的原住民特色屋，建材完全就地取材，喜欢露营的朋友，也可以带帐篷来波鱼雅娜野营。在波鱼雅娜休闲渡假区里，能戏水享受天然SPA，当溪水冲刷在身上，所有的暑气顿时都消融了。

【大埔风情】

大埔乡特产是麻竹笋，及曾文水库总统鱼：「曲腰鱼」，所以当地特色餐饮均以水库鲜鱼和笋餐为主。境内景点多聚集于曾文水库东侧，如大埔拱桥、情人公园、湖滨公园、白马亭……等。其中白马亭居高临下，是眺望曾文水库的最佳据点。（白马亭须于3号省道346k处小路进入，山路陡峭，需小心行）

1. 茶山→大埔。
2. 二高（“国道”三号）→中埔交流道→台18号省道→台3线→大埔。
3. 二高（“国道”三号）→官田系统交流道→84号省道→玉井→20号省道→台3线可抵。

于嘉义搭往嘉义农场的县营公车；于玉井搭乘往大埔的兴南客运，均于大埔站下。

茶山

【欧都纳山野度假村】

「维护保育自然生态，创造一个自然宁静的世外桃源」！欧都纳渡假村多年来秉持维护生态、爱护自然的经营理念，以「人生、环保、艺术」为出发点，提供另一种亲近自然的休闲方式；在这里有阳光、绿地、蓝天的拥抱；员工热情的招呼，来欧都纳就像回到家一样的温暖。

以高级原木建造，一系列的渡假精致木屋，所代表的就是高品质的享受。规划有木屋套房、欧式、美式独栋木屋，各种格局符合不同需求。在木屋内呼吸的是原木的香精，一出室外则是广袤的绿意草波，被青葱的树荫呵护着，健康的芬多精洒遍全身，这样的人间仙境到哪里找呢？

嘉义县大埔乡大埔村202号　　订房专线：05-2521717

http://www.atunas.com.tw/　　大埔→沿指标可抵。

于嘉义搭往嘉义农场的县营公车；于玉井搭乘往大埔的兴南客运，均于大埔站下，步行10分钟可抵。

【曾文水库】

为全省第一大水库，四周山峦叠嶂、烟波皓淼，为南台湾赏景休闲的热门景点。环岸据点包括大埔、嘉义农场、大坝景观区、鸟宫花园、曾文青年活动中心、溪畔游乐区……等，曾文青年活动中心内设有露营区、套房住宿、山训设施…… 一边戏水一边从事野炊活动，湖光山色，不禁令人流连忘返。

备注：曾文青年活 中心　台南县楠西乡密枝村70-1号　06-5753431

1. 大埔→曾文水库

2. 二高（“国道”三号）→官田系统交流道→84号省道→玉井→20号省道→台3线→174县道可抵。

于台南市搭乘兴南客运往曾文水库，可分抵各景点。

游玩路线 2

梅山乡·瑞里 21.5 → 奋起湖 4 → 石卓自然生态区 26 → 阿里山森林游乐区

阿里山农场

【梅山乡·瑞里—阿里山农场】

阿里山农场座落在阿里山国家风景区中心点：「瑞里山区」，周边蕴藏千年蝙蝠洞、燕子崖、情人桥、石壁雄风等景观名胜，是一座可媲美太鲁阁的生态景观农场。阿里山农场渡假设施完备，并推出挽脸、竹艺DIY、茶艺品尝、DISCO飙舞、洗爱玉教学、萤火虫之赏等活动，让来到瑞里山区的游客都能洗涤尘埃、欢娱尽兴。

- 嘉义县梅山乡瑞里村24号
- 05-2501310
- 1. 二高（“国道”三号）→梅山交流道→162县道→3号省道→梅山→162甲县道→嘉154、122乡道可抵。
  2. 二高（“国道”三号）→竹崎交流道→166县道→3号省道→竹崎→嘉122乡道可抵。
- 搭乘阿里山森林小火车，在交力坪站下车，转搭饭店小巴士可抵。

【奋起湖】

奋起湖因三面环山，形状似畚箕，故名奋箕湖，后因名不雅而改为奋起湖。其地理景观与历史背景和九份有同工之妙，故有「南台湾九份」之称。「阿里山便当王国」的盛况虽曾一度消失，但今日搭上怀旧列车，感受卷土重来的奋起湖，具有丰富的自然景观和人文况味，从车站旁仅存的老火车头及畚箕湖文史工作室追忆历史，一趟浓郁的地方特色之旅，就此展开。

1. 瑞里→嘉162甲、169乡道可抵。
2. 二高（“国道”三号）→中埔交流道→18号省道→169县道可抵。

于嘉义搭乘往奋起湖的县营公车；或搭阿里山森林小火车至奋起湖站下。

【龍头休闲农场】

位于阿里山公路44.2公里处，是往阿里山风景区的中途站，占地127公顷。划分为旅馆饭店区、蜜蜂生态保护区、茶园、高山蔬菜区、烤肉区、滑草场、活动中心、萤火虫生态保护区、体能训练场、小木屋区等。

体能训练场由强韧的竹子搭筑，不但安全且具有挑战性；滑草场绵延100公尺长的翠绿草皮，不时洋溢着欢乐的笑声；夜晚除了群聚营火区唱歌、跳舞外，每至萤火虫季还可进行自然生态之旅。号瀑布等；位居最高处的石井三号瀑布，因位处晨光日照处，可看见美丽的彩虹，所以又名彩虹瀑布；雷音瀑布共分5段以青龙、银凤瀑布汇集在青龙潭后向60公尺宽的大峡谷石壁，分散泻入清水溪，蔚为奇观。

嘉义县番路乡公田村龍头20号

05-2586190

▲由「情人桥」出发，沿途可见到神秘谷、桂竹林、碧玉潭、石壁雄风、双溪瀑布、云潭瀑布等各有千秋的着名景观。

【阿里山森林游乐区】

阿里山以日出、晚霞、云海、森林、铁道与落英缤纷的繁花名闻中外，由于地处高海拔，空气凉爽宜人，夏季气温较平地低，因而享有避暑胜地美名。「一、二、三到台湾，台湾有个阿里山！」这句在海外流传的谚语，印证阿里山不仅是台湾最知名的景点，更是海内外游客心目中最佳旅游胜地。每年三～四月可赏樱；阿里山森林铁路也是世界上仅存的三条高山铁路之一。著名景点有「阿里山神木」、流传着凄美故事的「姐妹潭」、香火鼎盛的「受镇宫」、祖父孙同出一根的「三代木」、名闻遐迩的「祝山日出」…… 等，是一处远离尘嚣的清净圣地。

阿里山旅客服务中心

电话：05-2679917

二高（“国道”三号）→中埔交流道→阿里山公路（台18线）可抵。

于嘉义搭乘嘉义县营公车往阿里山，或搭阿里山小火车至终点站。

游玩路线 3

新港奉天宫 25 → 东石港 13 → 布袋港

【新港奉天宫】

每年大甲妈祖「绕境进香」的目的地「新港奉天宫」，位于新港乡新民路，创建于清嘉庆16年，嘉庆君御赐号改称为「奉天宫」，宫内尚保存嘉庆君亲笔之「神昭海辰」匾额，有「怀古开台崇第一」的美称。宫内正殿主祀天上圣母，后殿供奉观世音菩萨，陪祀福德正神及注生娘娘。奉天宫巍峨雄伟，香火鼎盛，还设有历史文物资料室，可供游客参观。接近奉天宫约200公尺处有一座铁道公园，有旧式台糖小火车及座椅，是散步休憩的好地方。

中山高（“国道”一号）→嘉义交流道→159县道→新港可抵。

于嘉义火车站搭往北港的公车可抵。

【东石港】

有蚵港之称的东石港，是嘉义主要的渔港之一，蚵仔全年皆可采收，尤以中秋节前采收量最大，港口常见一艘艘渔船，满载肥美牡蛎的丰收景观。东石乡以蚵仔渔场养殖闻名全台，境内拥有数千公顷的鱼场，及全台最大的外海蚵棚养殖区，为名副其实的蚵乡。除了牡蛎外，其近海渔捞亦十分发达，一年四季都有时令海鲜。

1. 新港→嘉157、168乡道→东石。
2. 中山高（“国道”一号）→水上交流道→嘉168乡道可抵。

【布袋港】

布袋镇因海港形如布袋而得名，历史悠久，是一个形势相当良好的渔港，盛产各种丰富的鱼类，鱼货以虾为大宗，蚵仔的养殖量也相当大，街旁可见村民摆着大又新鲜的蚵仔出售。70年代开辟通往澎湖的客货轮，布袋港的生机又重新燃起。当地人殷切期盼，「小上海」昔日的繁华再度重现。

1. 东石→台17线可抵。
2. 中山高（“国道”一号）→新营交流道→172县道可抵。

于嘉义或新营搭乘往布袋的公车或客运。

景点1 布袋观光渔市

布袋渔港旁的观光渔市，是生鲜海产的大本营，假日时汹涌的人潮，常将市场挤得水泄不通。市场内摊位云集，包括生猛的各类渔获及鱼类加工品，还有各种现炸的海鲜小吃，及蚵仔煎、蚵仔面线等。空气中飘来阵阵油酥香，金黄欲滴的美食，令人食指大动，其中蚵仔包为当地最具特色的小吃，新鲜蚵仔的美味让人回味无穷。

小吃1 阿惠蚵仔煎·蚵仔面线

融入九层塔香气的蚵仔煎相当少见，不要小看这一个看似容易的食物，口感和材料的坚持超乎我们的想像。两大特色是：蚵仔煎的粉和酱料，QQ的粉皮和由8种调味料调和的酱，包括独门秘方，加上最新鲜的蚵仔，是真材实料的海味美食。

小吃2 停看吃蚵仔包

蚵仔包的创始店，老板秉持对蚵仔的热爱与创意，创造出布袋独一无二的小吃。冬粉、韭菜、鸡蛋，最新鲜的蚵仔的鲜甜味，被包在香脆的面皮里，鲜蚵的汤汁被冬粉吸收，韭菜又飘出一股清香，大大的蚵仔包果然让人满足再三。

景点2 布袋盐田

布袋镇为全省第一的盐产地，绮丽壮观的盐田景象，由盐山和白金耀盐田可见一番。日治时期，「日本火船」将布袋海盐一艘艘载往日本，繁荣了布袋港的航运。今日盐田风光仍能保存，成为珍贵的文化资产教材。

小吃3 龙鱻现炸海产

用布袋最新鲜肥美的蚵仔，将鲜甜味封住的蚵仔酥，让人感受极至的蚵仔滋味。使用高级马铃薯粉包裹，外脆内嫩的原味口感，让人竖起大拇指赞不绝口，此种风味只有在布袋渔市才吃的到。还有其他海产可供烹调，特别推荐「龙珠」－鱿鱼嘴和虾猴。

小吃4 传统蚵嗲

位于布袋国小旁，前方50公尺处是安南府，一间小铁门的店面相当好找。20年的老功夫可不是盖的，现炸香酥鲜脆的小吃，布袋最传统的蚵嗲滋味就在这里。

DATA

阿惠蚵仔煎　蚵仔面线

布袋港观光直销市场内A20号

05-3471247

停看吃蚵仔包

订购专线：0928328043

平日上午11点至晚上6点

假日上午9点至晚上7点

龙鱻现炸海产

平日　上午10点半至晚上7点

假日　上午8点至晚上8点

传统蚵嗲

布袋国小旁

营业时间：中午12点至晚上6点

❶

台南县市 *Tainan*

城垣碑林、丰采荟萃，王城光耀如昔……多少游子朝思暮想着数十载如一日的小吃美味，魂牵梦系这片土地的美丽。

1. 白河。
2. 七股盐业博物馆。
3. 安平古堡，俗名「红毛城」。
4. 「台湾开拓史料蜡像馆」－德记洋行
5. 七股观海楼。

亿载金城

台南市

流金岁月·凤凰展翅

当地小吃：

沙卡里巴（中正路、友爱路及海安路之间）：棺材板、鳝鱼意面、鼎边趖、碗粿。

小北观光夜市：蚵仔煎、牛排、海鲜现炒。

安平：周氏虾卷、蚵仔煎、同记豆花、贵记美食（虾仁肉圆）、永泰兴蜜饯。

中正路度小月担仔面、民权路再发号肉粽、公园南路阿憨咸粥·虱目鱼粥、国华街小卷米粉、府前路福记肉圆、府前路莉莉水果店、夏林路（水萍塭公园对面）小西脚碗粿。

民俗采风：

农历正月16延平郡王祠开台圣王祭、农历3月23大天后宫天上圣母祭、农历5月13祀典武庙关帝爷祭、农历5月初5端午赛龙舟。

游玩路线 1

赤崁楼 3 → 运河公园 1.5 → 安平风情 1.5 → 安平古堡 5.5 → 四草 3.5 → 鹿耳门天后宫 12.5 → 亿载金城

【赤崁楼】

名列台湾一级古迹，也是台南代表性的名胜。文物与建筑历经荷兰、明郑及满清时代，深具历史文化价值。城楼初建于1650年，建材据说皆由荷人自海外运来，号为「普罗民遮城」，隔台江与今安平古堡（热兰遮城）相对。赤崁楼对面就是大天后宫及祀典武庙，附近还有东巧鸭肉羹、武庙肉圆、冬瓜茶等小吃，可逛可游之馀，也顺便照顾到肚子。

- 台南市民族路212号（台南市民族路与赤崁街交岔口）
- 中山高（“国道”一号）→永康交流道→台一线→公园路→民族路可抵。
- 搭乘台南市公车17路，于赤崁楼下车。

【运河公园】

从大天后宫及祀典武庙续往南走，就可以接到民权路，民权路接安平路一路往下走，经过台南运河就可以到达安平。运河经过整治沿岸风貌已亮丽许多，除了每年端午龙舟竞赛之外，晚上亮着灯火的瑰丽景致也是台南的另一个地标。

【安平风情】

在怀旧风盛行的今天，古味盎然的安平观光热络；在迂回巷弄中，依旧可寻当年老街坊的足迹。一般人耳熟能详的安平古堡、亿载金城、德记洋行、延平街…… 宏伟的古迹诉说过往的历史；而另一个吸引人的卖点当然是小吃，虾卷、蚵仔煎、虾饼、豆花…… 细数「古王城」的风华点滴，找一天走入安平老街，一探百年来安平风情的生活脉络。

1. 中山高("国道"一号)→永康交流道→台一线→公园路→民生路→安平路可抵。
2. 中山高("国道"一号)→仁德交流道→182县道→府前路→中华西路→安平路可抵。

搭乘台南市公车15、24路，可抵安平古堡。

景点1 安平古堡

台南市国胜路82号

安平古堡为荷兰人在1624年所建，当时称为「热兰遮城」，俗名「红毛城」、「番仔城」或「王城」，是台湾最早的一座城池。旧热兰遮城分内外二部，城垣范围包括台湾最早的延平市街。目前古堡西洋建筑为日据时期所建，并有新式瞭望台，视野颇佳，海岸景观尽入眼底。古堡现存遗迹，包含右方内城残缺的半圆堡及古井遗址；外城则有北、南西南棱堡遗迹，斑斑史迹罗列眼前，不胜唏嘘。

景点2 安平小炮台

台南市安平区湖内二街与安平路口

安平「小」炮台，是相对于安平「大」炮台（亿载金城）而名，这座中英鸦片战争时防英军侵扰而建的防御工事，是目前保存最完整的中国「旧式」炮台的代表作。今日因海岸的自然变迁，当年捍卫疆土的临海炮台形势已不复见，但犹不免引人怀想起百余年前，小炮台镇守台江海域的威风姿态。

景点3 德记洋行

台南市安平区古堡街106号

充斥十足的异国情调，德记洋行以前是安平五大洋行之一，现在则是「台湾开拓史料蜡像馆」，由奇美企业赞助，述说安平开拓史迹。自安平开放通商以来，英、美、德等国的外商相继在沿海一带兴筑了许多洋楼，为安平带来迥异的风貌。目前仅存的德记、东兴两座洋行建筑，益发显得珍贵。观赏这两座洋楼，不难领略出安平昔日兴盛一时的景况。

景点4 东兴洋行

台南市安平区安北路233巷3号

在翠绿浓荫的大榕树遮掩下，东兴洋行显得格外典雅浪漫。拾阶走下拱廊，向外眺望，眼前尽是一片广阔的鱼塭，在夕阳映照下，波光粼粼相当优美。幻想百余年前，这里正是船帆云集、洋行林立的热闹码头。洋行内修整不错，可供参观。

美食1 安平豆花

台南市安北路433号
06-3915385
上午9点至晚上11点

安平豆花是采传统做法，主要原料为黄豆，将黄豆磨碎之后再加水煮，由于不加洋菜粉，所以豆花口感绵密柔嫩，口感远胜一般豆花。

美食2 安平贵记美食文化馆

台南市安平区延平街93号
06-2229794
上午11点至晚上8点

坐落于安平老街－延平街的贵记美食馆，是由杨氏祖厝修建而成，祖屋有一大特点，是旧时为防美军空袭，以手工挖掘而成的迷你防空洞，相当具观赏价值。美食馆三大招牌就是芋粿、虾仁肉圆、鼎边锉三种小吃，另有「台南小吃风味餐」，为结合多家知名小吃业者，将台南最具特色的小吃一次纳入，提供一个便利餐饮模式，一次享受完整的府城美味，一桌10人份，需事先预约。

美食3 永泰兴蜜饯

台南市安平区延平街84号
06-2259041
上午9点半至晚上9点半

永泰兴蜜饯行，有着小巧旧味十足的店面，身处在这条台湾最古老的延平街上，传承130年的古法酿制技术，提供最古早味的蜜饯。蜜饯口感干松不黏牙，讲求以最自然的方法酿制。各种口味多样，可以一小包50台币购买，或是以礼盒包装，美观大方。

【四草红树林　乘竹筏游台江】

四草大众庙周边活动相当丰富，有国宝级红树林保护区，开辟观赏步道供人游赏。四草炮台及海堡古思追忆，旁边漂亮的四草湖休闲公园让你歇脚。最特别的首推竹筏港绿色隧道，最新的台江生态旅游行程已经完成，在生态旅游码头搭乘台江轮，并有专人解说生态景观，红树林美景让游客上了最棒的自然课，也推广红树林的保育观念。从码头旁边进入土沉香散步道，可以观赏海茄苳古树群。

大众庙竹筏生态之旅
06-2841610

1. 安平古堡→安北路→四草大桥→四草。
2. 8号“国道”（台南支线）下台南端→安吉路→安中路→本田街→显草街→四草。

搭乘台南市公车27路于镇海国小站下可抵四草大众庙；于终点站下可抵鹿耳门天后宫。

【鹿耳门天后宫】

鹿耳门为明郑登陆之地，台南市安南区鹿耳门天后宫，由于历史悠久，妈祖威灵显赫，常年有大批男女信徒从各地前来进香膜拜。清康熙五十八年由百官捐俸兴建「天后宫」，同治十年，曾文溪改道，天后宫遭冲毁，「开基妈祖」神像暂祀民家，1947年再重建，1977年复重建。鹿耳门天后宫巍峨雄壮，正门俯视鹿耳门港口，南对安平古堡与四草炮台，西临台湾海峡，遥想旧时风光，令人发思古之幽情。

台南市安南区(妈祖宫)显草街三段1巷236号

四草→沿指示标可抵。

搭乘台南市公车27路于终点站下可抵。

景点1 鹿耳门游踪

天后宫为提倡鹿耳门妈祖宫，及北汕尾自然文化景观，举办内容丰富的鹿耳门游踪之旅，有鹿耳门建筑之美解说，鹿耳门风云影片欣赏，还有骑乘协力车参访历史景点与红树林生态等深度旅游，欢迎社团或民众组队参加。参加办法请洽天后宫活动组（06-2841386）。

【亿载金城】

昔为钦差大臣沈葆桢为加强海洋防务而建。采西式红砖建筑，城外引海水为护城河，城上设有大炮，故称大炮台，目前列为台湾一级古迹。城门作拱形，外题「亿载金城」，内题「万流砥柱」，皆为沈氏手笔。亿载金城不但是台湾第一座现代化西式炮台，也是第一座配备「阿姆斯壮大炮」的炮台，是炮台史上划时代的里程碑。

台南市安平区金城里南堀16号

中山高（“国道”一号）→永康交流道→台一线→西门路→永华路→光州路可抵。

搭乘台南市公车15路于永华二段站下。

【台南美食小吃巡礼】

美食1 小西脚碗粿

小西脚是深具特色的传统小吃店，豆仔汤为全台唯一的特殊口味，是以猪大骨熬煮4小时作为汤底，加入罕见的椪豆煮成浓稠高汤，香气四溢，浓而不腻且营养丰富，搭配古法配制的香Q碗粿，加上一点蒜泥，肉燥香郁、内馅丰盈，怀念的古早味舍此其谁？另外，现在都可以用宅急便的服务，享用到最新鲜、又便宜的碗粿。

美食2 福记肉圆

为了应付假日汹涌的观光人潮，福记肉圆开分店罗！从早卖到晚，让想吃的人不会失望。配上大骨清汤的清爽口感，和一般油炸肉圆迥然不同，这也是福记肉圆之所以出名的地方。清蒸的肉圆纯手工质感诱人，数十年历久不衰，本地人也相当爱吃，已经成为台南名产之一。

美食3 度小月担仔面台南总店

正宗百年老店，第四代老板仍兢兢业业的，想把最传统的滋味传承下去。说到担仔面，老板最推崇的就是半手工制作的肉燥，可说是难得一见的产品。其次是选用地道台湾葱，加上用虾头熬成的鲜汤，还强调吃担仔面是「吃巧」，而非「吃饱」，完美呈现地道的台南风味。肉燥罐头方便携带，及可随时享用家乡怀念的味道。

美食4 赤崁棺材板

走进「赤崁棺材板」的正宗老店，老板亲切的招呼让我感觉温暖，正统棺材板的发明者「许六一」先生的突发奇想，造就了名闻遐迩的传奇风味。原本是用西式酥盒的做法加以变化，由鸡肝加上墨鱼作成「鸡肝板」待客，经过改良才在1959年正式推出「棺材板」。由黄金酥脆的脆皮，包裹香浓的奶水内馅，融合中西风味，真为一绝。另外生炒鳝鱼也是招牌之一，从日据时期炒到现在，丰华美味不言可喻。

美食5 郑家无刺虱目鱼粥

台南人的儿时记忆中总有「饭汤」……一粒粒的米浸泡在鲜美的汤汁中，喝上一口就觉得好满足。长大后才晓得，「无刺虱目鱼粥」是台南的特产，别的地方可尝不到。虱目鱼粥富含DHA，营养丰富好吸收，又没有恼人的鱼刺，配一根油条，喝一口完全不加味素调味的鲜甜高汤，让人大快朵颐一番。

美食6 刘家菜粽·肉粽

明亮干净是刘家菜粽店的特色，不同于一般肉粽的油腻，除了料多味美肉大块外，其沾酱也是精心调配的，保证让人一口接一口。热呼呼的粽子配上鲜美的味噌汤，在寒冷的冬天不仅温暖了肚子，连心也好温暖。

DATA

小西脚碗粿
台南市夏林路1－29号（水萍塭公园对面）
06－2245000
上午9点至晚上7点

赤崁棺材板
台南市中正路康乐市场内180号（旧沙卡里巴）
06－2240014
上午10点半－晚上10点　全年无休

福记肉圆
台南市府前路一段215号
06－2157157
总店　上午6点半至晚上6点
分店　下午3点至晚上10点

刘家菜粽·肉粽
台南市西门路二段439号
06－2606771
24小时

度小月担仔面　台南总店
台南市中正路16号
06－2231744
上午11点半至晚上12点
每月第3个周一休假

郑家无刺虱目鱼粥
台南市民权路四段311号
06－2809765
上午7点至下午1点

七股渔村风情

台南县

黑面瑞鸟过境显千祥

当地小吃：

七股海鲜（虱目鱼丸、鱼面线、蚵仔面线）。
佳里镇和平街、旧市场内泡汤肉圆。
麻豆镇麻学路草鱼汤、虱目鱼汤。
东山乡东中村中兴路油炸卤鸭头(东山鸭头)
南化乡中坑村椰子鸡、南瓜米粉、涮羊肉。

当地特产：

关庙铜器、东山龙眼乾、官田菱角、麻豆文旦、关庙凤梨、香肠、麻豆瓜子、玉井芒果

民俗采风：

农历正月15盐水蜂炮、农历3月11学甲镇慈济宫上白礁大典、农历4月中旬西港镇庆安宫(3年1次)西港烧王船、农历4月26、27北门乡南鲲鯓代天府五府王爷祭。

游玩路线 1

南鲲鯓代天府 8.5 → 顽皮世界野生动物园 21 → 马沙沟滨海游乐区 9 → 七股渔村风情 10 → 曾文溪口赏鸟

【南鲲鯓代天府】

南鲲鯓代天府已有300多年历史，清康熙年间建于南鲲鯓汕，因而得名。祀奉李、池、吴、朱、范五位王爷，为本省王爷庙的总庙。其建筑宏伟壮观，占地宽广，香火之盛，为全台之冠。每年农历4月26、27两天，为大王爷及范王爷的诞辰，是南鲲鯓最热闹的王爷祭，除信徒以外，各地王爷庙都组进香团前来，乩童亦大批涌进，形成全省乩童大会串，蔚为一大特色。

台南县北门乡鲲江村976号

中山高（“国道”一号）→新营交流道→172县道→19号省道→南6、南2乡道→17号省道可抵。

于台南搭往南鲲鯓的兴南客运；于新营搭往南鲲鯓的新营客运皆于终点下。

【顽皮世界野生动物园】

顽皮世界是综合野生动物的研究保育、教育娱乐、观光等多功能的野生动物园，园方引进许多珍贵物，可爱动物区有来自南美洲的金刚鹦鹉、百斤大老鼠、及非洲草原的斑马和长颈鹿。非洲动物区有成群的骆驼、驼鸟，可供游客骑乘。海洋世界区则是可爱的海狮、企鹅和水獭的天堂。此外，尚有仙人掌公园和顽皮乐园，让你度过美好的一天。

台南县学甲镇顶洲里75-25号

06-7810000

全年无休　上午8点半至下午6点

中山高（“国道”一号）→新营交流道→172县道→19号省道→南6乡道可抵。

于新营、学甲搭乘对开的新营客运，于宅仔港站下步行可抵。

【马沙沟滨海游乐区】

马沙沟滨海游乐区有乾净辽阔的沙滩，沙质柔细，海水清澈。场区腹地辽阔，包括滑水道、烤肉区、露营区、水上活动区及野鸟保护区，除可弄潮外，还可欣赏漫天飞舞的白鹭鸶、夕阳、卷浪、沙滩，与临近的将军海港、盐田构成一幅美丽的滨海风光，是戏水消暑的好去处。

台南县将军乡平沙村140号

06-7930937

全票　100台币　半票　80台币

每年的4月1日至10月31日止
上午9点至下午6点

1. 南鲲鯓（沿台17线滨海公路）→北门→将军→马沙沟滨海游乐区。
2. 中山高（“国道”一号）→麻豆交流道→176县道→沿指示标可抵。

于台南市搭乘往马沙沟的兴南客运于终站下车。

【七股渔村风情】

「虱目鱼的故乡」–七股，除了盐山为人所熟知外，因为湿地的丰富生态，每年东北季风一吹，珍贵的稀有鸟类黑面琵鹭便千里迢迢地飞来报到，让台湾人民能亲眼见到这群娇客的美丽身影。「七股三宝」有虱目鱼、吴郭鱼和牡蛎，是来此不可不点的鲜美海产。以自行车为交通工具，放慢旅行的步伐，单车旅游最能完整感受当地的风土民情。（溪南春渡假渔村提供单车，供住宿游客免费骑乘。）

1. 马沙沟→台17线省道可抵。
2. 中山高（“国道”一号）→麻豆交流道→176县道经佳里→七股。

于台南市、新营搭乘兴南客运到佳里，再转往七股的公车。

景点1 盐山

七股盐场
电话：06－7800511

台湾的「人工晒盐」史，在时代的变迁与经济成本的考量下，终于走入历史。为了延续三百多年的晒盐文化，台盐特别将七股盐场转型为以盐业文化为主题的休闲事业，除了保留盐山外，亦在七股盐山旁兴建「不沉之海」，具高渗透压，让游客在漂浮中达到深层放松，享受另类的SPA。

景点2 搭竹筏发现潟湖之美

龙海号　电话：06－7872120
地址：台南县七股乡龙山村216号（海寮观光码头）

搭乘竹筏游潟湖，缓缓地川梭在遍布蚵架的水道中，沿途可见渔民在整理蚵架、撒网捕鱼、捞拾海菜等悠闲的渔村景致。从海寮观光码头出发约半小时就可到达「网子寮汕」，这座沙洲就像一座孤立在海中的小岛，红树林旁的泥泞地栖息着各种招潮蟹，常见的有网纹招潮蟹、台湾招潮蟹、白扇招潮蟹、红豆招潮蟹、和尚蟹等20几种，是一处最天然的户外教室。

景点3 红树林保护区

观景河堤处能鸟瞰潟湖全景，走上木栈道河堤可在此稍作休息。顺着路标，大片的红树林保护区出现在眼前，二层楼高的观景台，登高可清楚看见白鹭鸶和夜鹭觅食筑巢在海茄苳上，由于红树林里生态系丰富，退潮后常见弹涂鱼和招潮蟹。

景点4 溪南春休闲度假渔村

台南县七股乡溪南村42-1号

06-7874365

台17线省道→169.1公里处右转→沿指示标可抵。

于台南市搭往佳里的兴南客运，再转往七股的公车到玉成站下车。

溪南春以古早渔村的养殖方式，教育游客认识纯人工的养殖技巧及过程，住宿溪南春还可体验早期渔民的生活，规划有住宿区、钓鱼区、烤肉区、儿童游戏区、古董文物区及餐厅……等。走在养殖区的九曲桥上，一间间的「桶间寮」–半圆形茅草屋的造型，挑高在水面上，是看顾鱼群的作用；在这里开启早期渔村的生活记忆，令人玩味。

【曾文溪口赏鸟】

每年的10月至次年4月，都能在曾文溪口看见国际级珍稀保育鸟类「黑面琵鹭」的踪影。这些娇客的额、眼及嘴为黑色相连，冬天时羽毛全白，在夏季繁殖期时，头顶上会长出膨松的黄羽冠及黄色的颈圈，姿态优美。

游玩路线 2

麻豆 8.5 → 官田 9 → 乌山头水库(珊瑚潭)

官田 18.5 → 走马濑农场 4.5 → 玉井 14 →

台南县自然史教育馆•菜寮化石馆 12.5 → 虎头埤

乌山头水库

【麻豆—麻豆老街】

日本侵占时期，麻豆是台湾糖业发展重镇。在中山老街的巴洛克建筑之中，以「电姬馆」最为著名，为该镇最古老的电影院，外观为西洋风格，墙上以浮雕狮头装饰，整体保存仍相当完整。

中山高（“国道”一号）→麻豆交流道→176县道→麻豆。

于台南、新营搭乘兴南客运至麻豆。

景点 1 麻豆代天府

台南县麻豆镇关帝庙60号

06-5722133

麻豆→沿指示标可抵。

麻豆代天府创于清咸丰七年，1956年重建，供奉李王、池王、吴王、朱王、范王五府千岁，故又称为「五王庙」。以天坛格局盖成的观音宝殿，特殊的造型形成地标，采圆形建筑，供奉观音大士神像，并陈列108层的光明灯，庙内雕梁栋画，处处是精雕细琢的艺术品。后殿的五彩巨龙设有天堂、地狱及水晶宫，富有劝人「为善去恶」的教化意义。

美食 1 麻豆阿兰碗粿

台南县麻豆镇中山路179-8号

06-5724035

位于麻豆圆环边的「麻豆碗粿兰」，地处麻豆交流道下，许多路经的游客会顺道溜下交流道，到阿兰碗粿大快朵颐一番。制作从选米、掏米、研磨、下料、炊煮等过程都经过严格的控管，真材实料，再搭配上特制蒜味酱油，Q劲好吃，入味香醇。除了碗粿外，还有猪血汤、花生猪脚汤等可以搭配选择。

景点1 隆田酒厂

台南县官田乡隆本村中华路一段335号

06-5794669

隆田酒厂的现址是日据时代日本人兴建的化学工厂，后来因市场大量需求高粱酒产品，公卖局遂于1982年增设高粱酒工厂，并合并酒精精制工场，更名为隆田酒厂。酒厂成立后，研发出多样酒类，有参茸酒、鹿茸酒、龙凤酒、清香高粱酒、二锅头等产品。

景点2 台南艺术学院

台南县官田乡大崎村66号

06-6930100

官田系统交流道→台84快速道路往西→遇台1线右转，在渡仔头可见指示标，右转进入经社子村即可到达。

南部设立的第一所台湾艺术学院，目的在平衡南北差异，鼓舞南部的艺术活动。校区景观以烘托自然原色为原则，沿步道修建眺景台，柳树小桥等庭园造景充满江南园林之风味，颇值得一游。另外校区以现代视野融合传统精髓，并以「结合科技」、「切近生活」为重点考量，让完整的「艺术园区」为架构，设立视觉艺术、音像艺术及一贯制艺术教育三大部门，成为培养艺术人才的重点发展地。

【乌山头水库】

拥有丰富自然资源的乌山头水库，蜿蜒曲折的潭面，林木苍翠、湖光山色，由空中鸟瞰状似珊瑚，因此又称为珊瑚潭。水库蓄水面积约1300公顷，风景区内设有亲水公园、三角碑公园、香榭大道、珊瑚飞瀑……等设施，其中大坝区周边的景点「小天坛」，已成为水库代表性地标。大坝石堤为眺望水库风光的至高点，气势壮阔。

台南县官田乡嘉南村68-2号

06-6982103

1. 官田（西庄）→165县道沿指标可抵。
2. 二高（“国道”三号）→乌山头交流道→南116乡道可抵。

于台南搭往乌山头的兴南客运，在水库下车。

景点1 南元休闲农场

台南县柳营乡果毅村南湖25号

06-6990726

1. 乌山头水库→174县道沿指示标可抵。
2. 二高（“国道”三号）→新营交流道→接台一省道（往六甲方向）→174县道往曾文水库方向行驶约3公里即可抵。

搭西部干线火车于新营站下车，转搭计程车（费用约300台币）

南元农场的地理环境堪称全台绝无仅有，六个天然形成的绿色湖泊与丰富的森林生态，依其原始地形结构划分为「湖泊」、「森林」及「农田」等三大生态系，赋予游客流连忘返的神奇魔力。此外，农场的森林植物共有1000多种，约12万余株寒带、温带及热带树木，有「植物大观园」的美称。

景点2 尖山埤江南渡假村

台南县柳营乡旭山村60号
06-6233888
二高("国道"三号)→白河交流道→往东165县道方向行驶；或在乌山头交流道下→往六甲165县道方向行驶，沿指示标可抵。
搭火车至新营站下车，专乘往二重溪之新营客运，至尖山埤站下车；或搭火车至台南站下车，转乘往六甲、白河之新营客运，至山仔脚站下车。

尖山埤江南渡假村，原为台糖新营厂专用水库，这里以丰富秀丽的自然景观、完善的设施规划、以及台糖公司的亲切服务风格，成为南台湾别具特色的渡假胜地。其中江南会馆为渡假村内全新落成的五星级度假会议旅馆；另还有6间顶级水上套房「醉月小楼」、木屋住宿区，提供优质之休憩环境。

【走马濑农场】

三面环山、一面环溪的天然山谷地形，造就走马濑这块浩瀚的牧野草原，加上特色节庆、观光酒庄、特技歌舞表演等余兴活动，让走马濑成为全方位休闲渡假农场！每年五月与十二月的牧草节，可以参加滚草包、草原大胃王、牧草汁长吸赛、挑扁担运草块、喂食牛宝宝等趣味活动。

台南县大内乡二溪村哄哩瓦61号
06-5760121
1. 官田→84号东西向快速道路沿指示标可抵。
2. 二高（"国道"三号）→官田系统交流道→84号东西向快速道路沿指示标可抵。
由台南火车站搭乘兴南客运，于玉井站下车后再转搭计程车。

【玉井】

「芒果原乡」－玉井，是喜爱香甜芒果的人必游之处。走一趟玉井青果市场可以一次吃到十几种不同品种的芒果，有金煌、爱文、土檨、玉林、海顿、凯特、台农一号、黑香、玉文六号等品种。

芒果产业文化资讯馆　玉井乡中华路228号　06-5748551（农会推广股）

1. 走马濑农场→84号东西向快速道路可抵。
2. 二高（“国道”三号）→官田系统交流道→84号东西向快速道路可抵。

于台南市搭乘往玉井、楠西、甲仙的兴南客运于玉井站下。

住宿1 曾文·山芙蓉度假大酒店

台南县楠西乡密枝村102-5号

06-5753333

山芙蓉大酒店坐落在曾文水库保育特定区内，无须远行就能遨游曾文美景，全馆共有201间住房，硬体设施一应俱全，游客可以尽情享受三温暖、健身、撞球、网球、射箭、保龄球、阅读、电玩等活动，多功能设施，满足度假、商务、宴会等一切需求。

【台南县自然史教育馆·菜寮化石馆】

台南县左镇乡菜寮溪流域，河床上散布大量古生物化石。陆续出土的化石，不但种类繁多，为数丰富，深具研究价值，使菜寮溪地区成为世界闻名的化石重镇。为了落实自然村博物馆的理想，特于菜寮化石馆旁增建自然史教育馆，为自然科学教育的最佳素材地。

菜寮化石馆

自然史教育馆

台南县自然史教育馆

地址：台南县左镇乡荣和村61-10号

电话：06-5732385

菜寮化石馆

地址：台南县左镇乡荣和村61-1号

电话：06-5731174

1. 玉井→台20号省道→左镇沿指示标可抵。
2. 二高（“国道”三号）→台南支线新化端→20号省道往左镇方向可抵。

于台南市搭乘往甲仙、玉井、曾文水库的兴南客运，于化石馆站下车。

【虎头埤风景区】

虎头埤风光昔为台湾十二景之一，湖畔遍植樟树和相思树，浓荫醉人，沿长达四公里的环湖道路绕湖一周，途中有凉亭餐厅，可供休憩。岸边吊桥联系埤中小岛虎月亭，可租用小舟游湖，享受浪漫诗意情怀。虎头埤附近尚有高尔夫球场、观光草莓园、忠烈祠、骑马场等景点，可顺道一游。

虎头埤青年活动中心
06-5902011

1. 左镇→台20乙号省道→台20号省道沿指示标可抵。
2. 二高（“国道”三号）→台南支线新化端→台20号省道→南168乡道可抵。

于台南市搭乘往虎头埤、大谷山的兴南客运可抵。

游玩路线 3

白河观莲单车行 11 → 关子岭泡汤寻幽

【白河观莲单车行～白河莲潭社区】

白河「莲乡」每到7–8月莲花盛放的时候，「白河莲花节」便热闹登场，当车行驶进入白河镇，放眼望去尽是莲花田，粉黛色的河莲与五彩缤纷的睡莲迤逦成花海，惊呼于瑰丽莲田的美。莲田主要分布在莲潭、广安、玉丰、诏安等里。来到坐拥田园风光的「白河莲潭社区」，要用闲情逸致，欣赏莲花舞动生命之美。除了赏莲为人熟知外，冬天可以看油麻菜花、采果、挖莲藕、焢土窑，满满的丰富活动，让旅游更添兴致。

单车租借–莲潭社区发展协会（活动中心附近）
06-6876707
台南县白河镇莲潭里七邻55号

1. 中山高（“国道”一号）→水上交流道→台一线省道→经南靖、巴掌溪桥275.5K天九牌→依莲潭社区指示标可抵。
2. 二高（“国道”三号）→白河交流道→172县道可抵河。

于台南、新营、嘉义搭乘客运往白河，搭往诏安厝的新营客运可抵各赏莲区。

民宿1 阿嬷ㄟ·ㄅㄠ

台南县白河镇莲潭里8邻2-6号

06-6876899

住民宿阿嬷ㄟ·ㄅㄠ，透过主人赖梧桐的导览，深入莲潭小镇，除了希望能发现乡野恬静的一面，也期待找到乡村动感的另一面，心想白河除了莲花吸引人之外，应该还有深具意义的文化义涵在内。来莲乡作客，一定得要尝尝地道的莲花大餐，如果住宿阿嬷ㄟ·ㄅㄠ，只要事先预约，就能享受莲花熬煮成的莲花鸡、荷叶饭、凉拌莲子鸡丁等莲花美食。

景点1 白河莲花产业文化资讯馆

台南县白河镇玉丰里22-10号　　06-6852983

平日：上午八时至下午四时（周一休馆）

展现莲乡地方产业生态特色及传统文化的资讯馆，馆内分为六大类，有莲花相关辞句、莲花雕刻品、宗教与莲花的关系、莲与生活工艺、莲的植物学及莲的农艺学等，是全国唯一以莲花为主题的资讯馆。

景点2 小南海赏夕阳

小南海碧绿无波的湖面、景色清新怡人，每当傍晚时分，不容错过的压轴好戏是迎接白鹭鸶归巢，一群群从田边飞回来的白鹭鸶，攀踞树林枝头，好像彼此都有了默契。

景点6 莲花公园

位于玉丰里顶山仔脚部落，有处占地四公顷余的莲花公园，公园内建有赏莲亭，能够登高赏莲，景色优美。

【关子岭泡汤寻幽】

南台湾最著名的温泉乡–关仔岭，是台湾唯一的泥浆温泉，对风湿关节炎、肠胃疾病、皮肤疾病等皆具有疗效，温泉质地滑溜，具有神奇的美白护肤功效。游览景点有温泉区、水火同源、关仔岭公园、大仙寺、碧云寺等。其中水火同源因地质结构特殊，崖壁同时有瓦斯及泉水流出，一经点火，乃形成水火相容的奇观，点燃后终年不熄，是关子岭著名景点之一。

水火同源

1. 白河→172县道→175县道可抵。
2. 二高（“国道”三号）→白河交流道→172县道经仙草埔→175县道可抵。

于新营、嘉义搭乘往关子岭的新营客运、嘉义客运可抵。

温泉1 仁惠皇家温泉山庄

台南县白河镇关仔岭10之1号

06–6822313

仁惠皇家山庄是日据时代第一家民营的泡汤饭店，雅致的日式风格塑造出山庄的悠闲气氛。露天大众池分为上下二个区域，分别供应山泉及温泉水。泡完温泉的游客，可以到二楼的泡茶区享受片刻茗情。

温泉2 景大山庄

台南县白河镇关子岭56号

06–6822500

景大山庄附设多元、新颖的水疗设施，还有套房别墅静谧的住宿选择，适合携家带眷来此度假。在宽广的绿色庭园里，南美造型的木屋掩映其中，在景色怡人、鸟语花香的空间里，放眼即可眺望嘉南平原，远处美景使心情飘然无比。

①

高雄县市 *Kaohsiung*

潮起潮落，诉说情怀老高雄，是亲水的港都天堂。除了纸 、伞、烟楼的客庄印象，还有如世外桃源的幽境原乡。

1. 高雄市地标—85大楼。
2. 兴达港风光。
3. 旗津的风车主题公园。
4. 客家纸伞文化村所生产的艺术手工伞。
5. 美浓小镇。

爱河风光

高雄市

刚毅与温柔～海洋首都

当地小吃：

六合夜市沙茶羊肉、海产粥、土魠鱼羹、烤肉、咸蒸虾、咸圆汤、炒鳝鱼；青年路夜市火锅、海产、炒螺肉；忠孝夜市炒羊肉、鸭肉米粉、素面、冷冻芋；旗津海鲜；盐埕区虱目鱼粥、阿婆冰；苓雅区碗粿、菜粽肉粽；三民区烧肉饭、猪脚面线、麻糬、八宝冰、状元糕。

当地特产：

高雄牛乳大王、旗津海鲜。

民俗采风：

农历2月文昌庙文昌帝君祭、农历5月初5爱河端午赛龙舟。

游玩路线 1

莲池潭风景区 5 → 高雄市立美术馆 ▶

【莲池潭风景区】

莲池潭位于高雄市左营区的东侧，潭畔遍植垂柳，景致清幽。此处同时也是左营地区寺庙聚集地，如孔庙、启明堂、春秋阁、五里亭、龙虎塔、永清塔等，为莲池潭增添不少热闹景象。

莲池潭风景区管理站
地址：高雄市左营区翠华路1435号
电话：07－5883242

高雄支线“国道”10号左营端→翠华路可抵。

搭乘5、18路市公车至左营农会站下车。

景点1 春秋阁

春秋阁位在莲池潭的西南方，为两座中国宫殿式楼阁，分为春、秋两阁，为纪念武圣关公而建。前有一尊骑龙观音圣像，两阁曲桥相通，两座阁楼合称「春秋御阁」，桥中的五里亭在夏日可赏灿烂莲花。

美食1 三牛牛肉面

高雄市左营区胜利路85号

07-5887264

老板娘坚持采用新鲜台湾牛骨熬汤，不加味素；少见的牛杂面也是真材实料，小小细微处都显见面馆的用心。喝一口热呼呼的牛肉汤，香浓不腻，在冬日是一大享受。

【高雄市立美术馆】

高雄市立美术馆落成于1994年，位在内惟埤文化园区之中，包括高雄市立美术馆、雕塑公园、人工湖泊、户外音乐表演场，以及未来即将成形的台湾艺术教育馆。休假日到美术馆走走，喝杯悠闲的下午茶，非常惬意。

高雄市鼓山区美术馆路20号

07-5550331

1. 高雄支线“国道”10号左营端→博爱路→明诚三路、甘肃路可抵。
2. 中山高（“国道”一号）→高雄交流道（九如路）→九如路→中华二路→美术馆路可抵。

搭乘5路市公车至妇幼医院站下；假日有艺术专车直抵。

游玩路线2

高雄市中心游赏

【加勒比海主题乐园-布鲁乐谷】

布鲁乐谷亲水乐园以户外水上活动为主题，为南台湾酷热的气候，注入了无比的清凉。提供各式各样的玩水设施，并与自然景观结合，来这可纾解压力、放松心情，不论白天或夜晚，都能让游客感受浪漫的加勒比海风情。

高雄市前镇区凯旋四路700号　0800-268365

中山高（“国道”一号）→终点右转沿中山路直行，至凯旋路桥桥边右转凯旋四路，行经金银岛购物中心即可抵。

高雄市37号、98号公车每日行经布鲁乐谷。

设施1 丛林总动员

主体为设计巧妙的「树屋」，最顶端有一个容量1800公升的大水桶，蓄满水时水桶会自动倾倒而下，让游客享受如瀑布般的冲凉快感，为吸引游客的一大卖点。

◀约7层楼高的高速滑道，先经过短暂黑洞，再以近似自由落体方式下滑，刺激快感绝对震撼。

【六合夜市】

六合夜市位于六合路段两侧，集中于此地的南北小吃，一应俱全。二、三十年知名的老店非常多，像是担仔面、海产粥、牛排馆、烤肉之家等，各样地道风味美食，任君挑选。

中山高（“国道”一号）→高雄（中正路）交流道→中正一路→中山一路→六合二路即抵。

搭乘1、2、12、100路……等市公车于大圆环站下。

【高雄市立历史博物馆】

历史博物馆是由旧市府大楼改建而成，西式建筑上有日本神社式的屋顶。馆内的展览以台湾南部发展轨迹、先民生活史为主，深具教育功能。

高雄市盐埕区中正四路272号

07-5312560

中山高（“国道”一号）→高雄（中正路）交流道→中正一路→中正四路可抵。

搭乘2、11、60、88、99路……等市公车于盐埕圆环站站；或历史博物馆站下。

【爱河风光】

日本侵占时期被称为「高雄运河」的爱河，源出于三民区覆鼎金与半屏山之间，近年来经市政府整建，爱河旧貌已日渐回复，河滨公园也成为休闲游憩的好去处。沿岸林荫夹道，并设有人行步道、凉亭和座椅，适合散步乘凉。

中山高(“国道”一号)→高雄(中正路)交流道→中正一路→中正四路→中正大桥即抵。

搭乘1、2、60、88路市公车于盐埕圆环站下。

【城市光廊】

城市光廊的出现，让艺术家可以开始发声为高雄说故事……一个小公园，经过9位艺术家和市长的打造，灯光造景，流水烟雾，使其注入了新的生命，成为艺文新地标。入夜以后，灯光点亮了一地光彩，装置艺术品是让目光聚焦的发光体，水声咖啡香诱人……悠闲的品尝咖啡、听凉风，一旁流泄着的爵士乐，轻松柔和，是光城的最佳诠释。

位置：中华四路、中山路、五福三路交叉口

【高雄市电影图书馆】

从中正桥沿着爱河慢慢走，左边靠近盐埕国中的前方就是电影图书馆。一楼是展示厅，固定展示电影相关文物，及不定期企划电影相关主题展。二楼则是电影专业书库、期刊室、小型片库、研究室、个人视听室等，提供电影相关影音资料，供爱好电影人士及学校使用。三楼是放映厅、放映室，户外则有露天电影院，星光广场，多样化的功能结合休闲，是另一个深具教育意义的景点。

高雄市盐埕区河西路10号　07－5511211

游玩路线 3

寿山·柴山自然公园 12 → 西子湾 11.5 → 旗津吃海鲜

【寿山·柴山自然公园】

万寿山位于高雄市西南的鼓山区，旧称麒麟山、打狗山或打鼓山，是高雄市临海的屏障，风景绝佳。山上有万寿山公园、千光寺、法兴寺、元亨寺、忠烈寺、动物园等景点。山顶忠烈祠为至高点，可远眺高雄壮丽港埠、欣赏西子湾醉人落日及高雄市迷蒙如幻的夜景。

柴山公园是高雄市境内一座最容易亲近，拥有丰富的自然景观和生态的公园。这座自然宝库，不论何时都可见到游客登山健行，台湾猕猴漫步栈道上，与游人玩成一片，是最特殊的景观。

寿山风景区管理站

地址：高雄市鼓山区万寿路350号　电话：07-5215187

中山高（"国道"一号）→高雄（中正路）交流道→中正一路西行→大公路→鼓山一路沿指示标可抵。

搭1、2、60路市公车至盐埕圆环，再转搭219路至元亨寺；假日于火车站前可搭56路直达。

▼柴山步道—
高雄市民舒放身心的后花园。

景点1 寿山动物园

高雄市鼓山区万寿路350号

07-5215187

开发之初将周围环境特别保护，故现今仍保有百余种原生植物，也成为动物园内特殊风貌。寿山动物园的规模虽然较小，但在园方的积极建设下，也呈现越来越多元化的面貌。动物园为服务游客，并提供贴心的「团体导览解说服务」。

【西子湾】

西子湾位于高雄市西侧，北靠万寿山，南临旗津半岛，是一处以海水浴场及天然珊瑚礁闻名的湾澳，中山大学也使西子湾添加几许文化气息。风景区内除中山大学外，尚包括西子湾海水浴场、海滨公园。入口大门旁一条蜿蜒的山道，通往半山腰的十八王公庙及史迹文物陈列馆。

西子湾海水浴场

地址：高雄市鼓山区西子湾莲海路51号（中山大学校区内）

电话：07-5256271

开放时间：09:00～17:30，4～10月开放

中山高（“国道”一号）→高雄（中正路）交流道→中正一路西行→大公路→鼓山一路→临海路可抵。

搭1、2、60路市公车至盐埕圆环，再转搭99路于西子湾下车；搭乘1路市公车于中山大学下。

【旗津】

旗津半岛位于高雄港西侧，为一海外沙洲，岛上有天后宫、旗后山、旗津灯塔、旗津海水浴场等游玩观光去处。「人力三轮车」是当地人文景观的一大特色，在渡船头附近都还可见到。

中山高（“国道”一号）小港端→渔港路直行→左转接新生路→到达过港隧道，通过过港隧道即达。

在高雄前镇站搭乘35路市公车（前镇－旗津）。

旗津渡轮

鼓山－旗津渡轮站：

约从早上6点至晚上12点（约十分钟一班）

前镇－中洲渡轮站：

约从早上6点至晚上10点半（可载送自小客车、货车）（约三十分钟一班）

景点1 旗津海岸公园

旗津海岸公园北起海水浴场南端，南到棒球场北侧，规划为海水浴场、观海步道、越野区、自然生态区等四区。海岸公园可以说是旗津最大的景点，这里最适合全家出游，夏天更是戏水与欣赏落日的最佳地点。

▲▶海岸公园内的广场与海景

景点2 风车主题公园

位在旗津中学正对面，由七座三叶式风车组成，是台湾第一座兼具观光、休闲、环保的风力发电休闲公园，储存来自风力发电的电力，足够供应入夜后约四小时的电量，在公园悠闲散步、欣赏落日，相当惬意。

美食1 斗六枝仔冰城

高雄市旗津区中洲三路450号

07-5713850

这家旗津地区老字号的冰店，最有名的是各式冰淇淋产品。其中以红茶冰淇淋点选率最高，以超便宜的价格，就可以吃到浓郁的红茶、搭配香浓的冰淇淋，热呼呼的暑气顿时都消除了。

美食2 渡船头海之冰

地址：高雄市鼓山区滨海一路76号

07-5513773　每逢周一公休

以倍数来计算大小碗，倍数越大，冰越大碗。经过改装后，扩充到三个店面，但墙上还是写满了留念签名。炎炎盛夏，来旗津玩，邀三五好友来吃碗超大冰吧。

美浓小镇风情

高雄县

自然与人文的丰美呈现

当地小吃：

凤山市光远路绿豆椪、鸳鸯饼；冈山羊肉、羊肉米粉；茄萣兴达渔港海鲜、盐水虱目旗鱼丸、蚵仔煎、虾仁煎、蚵仔面线；美浓镇中正路、中山路美浓山河肉、卤猪脚、姜丝大肠、福菜、美浓粄条；甲仙芋仔冰、芋粿、芋麻糬。

当地特产：

冈山蜂蜜、冈山羊肉、冈山辣豆瓣酱、美浓烟叶、旗山香蕉、甲仙芋头

民俗采风：

农历2月14日至19日内门紫竹寺民俗节庆；中秋9月15日前后冈山箩仔筐会。

游玩路线 1

兴达港 33 → 旗 山 7.5 → 美浓小镇 19 → 茂林风景区 10 → 六龟•扇平•藤枝 13.5 → 不老温泉 5.5 → 宝来温泉

【兴达港】

从黄金海岸直走(台17号滨海公路)就会到达兴达港，渔市摊贩街就在停车场旁，下午黄昏时分，大量的摊贩及游客涌入，白天就像晚上的夜市一样热闹。这里贩卖琳琅满目的水产，有新鲜的鱼虾、熟食、小吃等。各种的海产小吃，如虱目鱼丸、香鱼片、炸小卷等，这些海洋小品，都是嗜食海味者的最爱。

兴达港区渔会
地址：高雄县茄萣乡东方路一段239号
电话：07-6988233

中山高（“国道”一号）→路竹交流道→184号县道→台17线滨海公路可抵。

景点 1 兴达港海上观光娱乐船－威成海洋游乐

售票处：高雄县茄萣乡兴达港
订票专线：07-6986252

威成海洋游乐公司是兴达港唯一合法，最大吨位的营业载客观光船，为乘客投保，是最具安全性的游艇娱乐设施。分北上及南下两条路线，让游客能轻松欣赏兴达港湾、黄金海岸之美。

美食 1 欧记虱目旗鱼丸

07-6909100

这一家虱目旗鱼丸每逢假日，总可见大排长龙的盛况。新鲜鱼浆现煮成圆滚滚的鱼丸，弹性及鲜味十足。

景点 2 兴达刀铺

高雄县茄萣乡大发路97巷2号
07-6989595

铸剑大师郭常喜，是茄萣乡国宝级的工艺大师，专长宋江阵、狮阵、关刀布道坛用剑，及各类精品刀具，来兴达港别忘了来逛逛。

【旗山—旗山老街】

旗山镇早期因制糖业发达，带动市街的繁荣发展，有些大商行建造巴洛克式造型的红砖楼房，而老街的特色在于石砌的拱型骑楼，风格粗犷自然，以复兴路与中山路、中山路与华中街相接的数十家骑楼最具代表性。

1. 兴达港→17号省道→184县道可抵。
2. 二高（“国道”三号）→田寮交流道→184县道可抵。

于高雄搭乘高雄客运；于台南搭乘台南、屏东客运往旗山。

美食1 枝仔冰城

高雄县旗山镇中山路109号

07-6613136

1926年「枝仔冰城」创业人郑城于旗山开设「郑城冰枝屋」，以其独特水质、纯正原料及优异技术制造多种口味的「枝仔冰」，由于味美质佳，风味独具，是旗山最具代表性的特产。

【美浓客家小镇】

美浓曾享有「烟草王国」的美名，时至今日烟草业虽逐渐没落，然而不变的是浓郁的客家文化和纯朴的民家风情。骑自行车认识美浓的独特魅力，可以说是最「时尚」的玩法，行走在规划良好的水圳路线，只要避开大马路，骑乘在乡间小路上，都能看到不同的景色。你可以在黄昏时绕着中正湖，看斗大的夕阳斜挂山边；或是顺着福美路，一路相伴的是「人字山」、「月光山」山景之美；向往田园风光的可骑黄屋塘路段，各有独特风情。

1. 旗山→184甲县道可抵。
2. 二高（“国道”三号）→田寮交流道→184县道→184甲县道可抵。

于高雄搭乘高雄客运；于屏东搭乘屏东客运往美浓可抵。

单车出租

阿麟的店

☎ 07-6810096

🏠 高雄县美浓镇中山路一段170号

美浓庄农特产中心

☎ 07-6818989

🏠 高雄县美浓镇民族路49-2号

中正湖旅游服务中心

☎ 07-6812433

🏠 高雄县美浓镇中圳里民权路46号

景点1 永安老街

这条19巷旧街，是美浓客家人最早建设的聚落街道，在老街的南面，有座80年历史的水桥，为狮子头圳的分支，这条水桥长130公分，内设暗坑，上头仍为陆桥作用，行人或摩托车都能安稳的行走其上。

景点2 东门楼

东门楼建于清乾隆年间，是客家庄为防御外侮所建的门楼。二楼屋顶为中国龙阁凤椽建筑。昔日用途为登高望远守御防敌，如今则成了鸟瞰山川美景的最佳观景台。

景点3 美浓客家文物馆

🏠 高雄县美浓镇民族路49-3号

☎ 07-6818338

🕘 平日　10:00～16:00

假日　09:00～17:00

来到美浓可以先到客家文物馆逛逛，这里可以说是美浓旅游观光的资讯中心。建筑风格融合传统与现代，利用媒体、文献、相片和模型，展现出客家文化的多元样貌，是认识美浓在地风情的最快捷径。

景点4 中正湖

又称弥浓湖，湖光山色、环境优美，同时也是冬季候鸟作客的好所在，常见小白鹭、红冠水鸡、夜鹭等，栖息在湖边树梢，而波光粼粼的清澈湖面上，浮动着山峦的倒影，清新雅俗的美，活似一幅立体的山水画。

景点5 福美路

福美路是一条山脚下的美丽公路，两旁种植有台湾栾树，开出一路的绿意舒爽，也是烟楼最多的路段。土窑砖建造的大阪式烟楼，屋顶上的斜背阁楼是最大的特色。

景点6 敬字亭

敬字亭又名惜字亭、字纸亭，乾隆三十年乡民为推广尊重文字，于是建了这座敬字亭。其建筑是砖造四方形三层式的平面格局，造型古朴优美。

景点7 原乡缘纸文化村

美浓镇中兴路一段147号

07-6810888

原乡缘是台湾第一家「客家纸伞文化村」，文化村所生产的艺术手工纸伞，论坚固轻巧，论诗情画意，都较一般民俗工艺品来得细致动人。取自台湾本地的自然材料，蕴含熟悉的乡土风味。

美食1 美光粄条店

美浓镇中山路一段87号
07-6811420
上午7:30-晚上7:30
(每日周三休假，其他节日无休)

美光粄条是于1948年创立，与众不同的是它的切法及制作过程，都用纯手工方式，所以吃起来特别香嫩，喜欢自己动手做美食的消费者，也可向美光购买生粄条及葱油酥回家烹调。

美食推荐

粄条

粄条是纯以在来米磨成浆，将米浆倒进铁盘中蒸熟，高汤则利用猪的大骨、高丽菜、冬瓜熬成，营养成份极高，加入油葱酥、肉片而成，风味可口。

美食2 美浓窑烧咖啡

高雄县美浓镇福美路496巷6号
07-6817971

美浓窑由陶壁艺术创作家朱邦雄先生创立，已有将近14年的历史。美浓窑烧咖啡设立的目的很简单，就是让艺术更生活化，能让更多人认识美浓窑，欣赏陶艺之美。喝杯温暖人心的「Artist」咖啡，是充满精神知性之旅。

民宿1 老古的家

高雄县美浓镇福美路658-6号
0935-819432

用石头打造出一处隐于山边的田园之家，说老古的家是石头的天堂，可真是一点也不夸张。庭园为日式造景，有各式各样的石头作品，像是妩媚的美女座椅、太极桌椅、少女卧姿……等，传达出了主人的想法与精神。

民宿2 人字山庄民宿

高雄县美浓镇民权路66之5号
07-6614684

绕了一圈中正湖，沿着大自然在山头划出的「人」字样，就能看到一栋欧式庭园建筑，耸立在开阔的田园中，富含艺术气息的家，环境清幽，彷佛有种能够让人放松心情的因子存在。

【茂林风景区】

茂林国家风景区观光资源丰富，特殊的地形与地质，孕育出独有的动物与植物生态，适合赏景、登山健行、溯溪泡汤、森林浴……。沿高132乡道行即可依序造访情人谷、茂林谷、龙头山、幽情谷等景点，公路尽头可抵多纳村，造访原住民风情。

1. 美浓→184乙县道→高树→27号省道→大津→高132乡道可抵众景点。
2. 二高（"国道"三号）→九如交流道→沿3、22、27号省道→高132乡道可抵众景点。

于屏东搭往茂林、老鹰谷的屏东客运可抵。

景点1 多纳村·多纳温泉

多纳民宿　07-6801509
友生民宿　07-6801101

多纳村是茂林乡最深山的村落，鲁凯族文化保存完整，棋盘式的聚落格局错落有致，原住民文化特色彰显无遗，有多家石板屋民宿可以体验山居生活。多纳温泉是一处天然的野溪，属于弱碱性碳酸泉，有规划几处露天温泉池，设施完善。

【六龟·扇平森林生态科学园·藤枝森林游乐区】

扇平林区属暖温带阔叶林，园区辟有树木标本园、景观树种苗圃、咖啡园、竹园……等，扇平林道入口处有扇平山庄（07－6892122）供食宿，是极佳的避暑胜地。

藤枝森林游乐区海拔1550公尺，蓊郁山林密布，原始林相优美，孕育了丰富的自然生态。园区的游园步道以游客中心为起点，登山约一小时可抵海拔1804公尺的瞭望台，视野豁然大开，群山尽入眼帘，气象万千。藤枝森林游乐区走一遭，森林浴的享受让全身舒畅。（藤枝山庄：07－6893118）

扇平森林生态科学园

高雄县六龟乡中兴村198号　07－6891648

1. 茂林→27号省道→扇平林道可抵。

2. 二高（"国道"三号）→田寮交流道→184县道→27号省道→扇平林道可抵。

于高雄、旗山、美浓搭乘高雄客运至六龟，再转搭计程车前往。

藤枝森林游乐区　高雄县桃源乡宝山村宝山巷150号　07－6895123

1. 茂林→27号省道→荖浓桥接林道可抵。

2. 二高（"国道"三号）→官田系统交流道→84、20、27号省道→荖浓桥接林道可抵。

于高雄、旗山、美浓搭乘高雄客运至六龟，再转搭往藤枝班车。

【不老温泉】

不老温泉泉质优良，属于弱碱性碳酸泉，泉区温泉山庄林立，食宿无虞。附近有两棵百年老榕树盘根错节，似情人相拥，故有「情人树」美称；于此处可俯瞰荖浓溪谷，视野辽阔。

1. 六龟→27号省道→高133乡道可抵。

2. 二高（"国道"三号）→官田系统交流道→84、20、27号省道→高133乡道可抵。

于高雄、旗山、美浓搭乘高雄客运至六龟，再转搭往不老温泉班车。

荖浓溪

温泉1 不老温泉山庄

高雄县六龟乡新发村新开路82号

07-6791888

不老温泉山庄是六龟乡第一家温泉山庄，提供游客最好的服务品质，这里有清澈优良的泉水，和静谧不受干扰的住宿环境。山庄旁有步道入口可上美仑山，大口呼吸芬多精，为美丽健康加分。

【宝来温泉】

宝来温泉区位居南横公路要冲，温泉旅馆集中在中正路（20号省道）两侧，设备完善的温泉度假山庄每到温泉季节，总吸引众多游客泡汤解忧。邻近还有石洞、七坑等野溪温泉，也值得一游。

1. 不老温泉→高133乡道可抵。
2. 二高（“国道”三号）→官田系统交流道→84、20号省道可抵。

于高雄或六龟搭乘高雄客运往宝来。

温泉1 新宝来温泉渡假村

高雄县六龟乡宝来村新宝路1-1号

07-6881700

兼具养生与休闲的露天SPA温泉，以天然石材依山面水而建，眼前美景天成，加上水疗冲击与气泡按摩，是个明净舒适的泡汤环境。渡假村内有舒适的住宿空间和森林绿地，可充分徜徉在大自然怀抱中。

①

屏东县 *Pingtong*

全台最多乡镇的县，蕉风椰雨，富庶的热带半岛。碧海郁林、黑鲔鱼、海风、比基尼风情，丰沛水气灌溉这片南方乐土……

1. 举凡是风浪板、冲浪、嬉水等，皆活跃在垦丁海水浴场的每一隅。
2. 海博馆内壮丽的活珊瑚让人惊叹。
3. 海面上游人逐浪，好不热闹。
4. 雾台部落的石板工艺与建筑之美。

雾台部落

屏东县

山海交织的丰庶大地

当地小吃：
胜利路小吃街：馅饼、山东馒头、万峦猪脚、四重溪红仁鸭蛋。
东港海鲜：旗鱼、鲔鱼、樱花虾、黑鲔鱼、油鱼子、盲目鳗、旗鱼眼、鲔鱼尾鳍。

当地特产：
满洲乡港口茶、林边莲雾、枋山枫港洋葱、椰子、津山的荔枝、四重溪红仁鸭蛋、恒春洋葱、西瓜

民俗采风：
农历7月15恒春镇天后宫前中元抢孤（3年1次）；农历9月上旬东港镇东隆宫烧王船（3年1次）；公历8月份雾台乡鲁凯族丰年祭；公历10月25来义乡古楼村排湾族竹竿祭

游玩路线 1

东港 3.5 → 大鹏湾·青洲游憩区 ▶

【东港】

东港，这个近来热门不已的港市，似乎已成为海鲜的代名词。闻名全省的「黑鲔鱼」大餐，在有效的促销之下，知名度也大为提升。四处林立的海产店，满足饕客们的口腹之欲，一遇假日，拥塞的尝鲜人潮，总将这个小乡镇装点得热闹非常。

东港区渔会

地址：屏东县东港镇新生三路175号　电话：08-8323122

1. 中山高（"国道"一号）→终点小港端→台17线省道→屏63乡道可抵。

2. 二高（"国道"三号）→九如交流道→3、27、17号省道→屏63乡道可抵。

于高雄搭乘国光、高雄、屏东、中南等客运于屏东搭乘屏东客运往东港。

琉球交通船出租

屏东县东琉线交通船联营处

乘船地点：

距离华侨市场往进德大桥方向约100公尺处的码头。

东港发船约1-2小时一班。

订票专线：08-8325806

美食 1 旗鱼黑轮

看到这里大排长龙的人潮，任何看到的人都会想要买一根来吃吧。这就是东港销路很好的小吃「旗鱼黑轮」。里头有加蛋黄喔，新鲜现做的鲜味，把海洋的滋味都融合为一。

东港夕阳

美食1 张家食堂

屏东县东港镇光复路二段65-1号

08-8337251

张家食堂的惊奇是「没有菜单」，来寻宝似的新鲜感是吸引客人回笼的法宝，每次都能吃到不一样的创意菜。用心于调配出「妈妈的味道」，家常菜风味与舒适的用餐空间，让张家食堂成为「最用心」「最特别」的海鲜餐厅。

东港三宝

黑鲔鱼

黑鲔鱼身价珍贵，营养价值高，在每年4～6月是主要产季，母亲节前后产量最大。最高级的是「大腹」部位，脂丰肉嫩，入口即化，一到产季总吸引众多游客尝鲜。

樱花虾

台湾东港至枋山沿岸海域产量较多，樱花虾又称国宝虾，产期为每年11至翌年6月。虾壳柔嫩，入口脆而不硬，鲜味尽呈。

油鱼子

油鱼是餐厅生鱼片的主要材料，油脂含量丰富，故称「油鱼」。油鱼子食用方式与乌鱼子相同，唯香味与口感较乌鱼子尤有过之喔。

大鹏湾海岸赏景步道

【大鹏湾·青洲游憩区】

大鹏湾为一大型泻湖地形，有绵延的沙滩、广阔舒缓的沙滩水域。热带型气候最适合各种水上活动，丰富的生态景观游憩资源更是一大卖点。青洲滨海游憩区位于大鹏湾西南侧出海口旁，距离市区相当近，是一个极佳的滨海景点。青洲滨海游憩区的环境碧海蓝天，每当傍晚时分，广大海面被夕阳染红，总吸引很多人来观赏。园区内规划完善，可以在此规划悠闲的一天。

青洲滨海游客中心
地址：屏东县东港镇南平路631号
电话：08-8758453
东港→东隆街、嘉莲路可抵。
东港→转搭计程车。

景点1 儿童喷泉戏水池

小朋友小巧的身影手舞足蹈在阵阵水花里，活力十足，在夏日来说也是一番美景。在这里玩不用担心水质的清洁度和安全，让大人都忍不住也想跳进去玩。

景点2 海岸赏景步道

海岸公园的赏景步道相当美轮美奂，搭配海岸沙滩的景观，总让人留连不已。常见热恋中的情侣来此散心约会，海天一色的美景便成了最佳的陪衬。聆听阵阵浪涛，远眺斑澜大海，所有的不愉快与压力瞬间释放了。

游玩路线 2

三地门 4.5 → 台湾原住民文化园区 16 → 雾台部落之旅 ▶

【三地门】

三地门又称「水门」或「三猪门」，包括水门村、三地村及北叶村。北叶村为玛家乡地区的文化中心，往后山步行约4公里可通抵原住民文化园区一游。来三地门不仅可欣赏山水秀色，还可参观排湾族[1]人特有的石板屋、石制桌椅、石器雕刻、木雕等工艺品店。

二高（"国道"三号）→九如交流道→3、24号省道可抵。

于屏东市搭乘往三地门的屏东客运可抵。

【台湾原住民文化园区】

这座保存山地文物最丰富的野外博物馆，占地广达83公顷，以展现原住民九族聚落的生活原貌为主。园区划分为四大参观区，迎宾区有文物陈列馆、工艺展示中心和休憩中心等设施；塔玛路湾区展示泰雅[2]、赛夏[3]、阿美[4]、卑南[5]、雅美[6]等族的传统聚落建筑；那麓湾区有幻灯片放映剧场、蜡像馆及大型歌舞场地；富谷湾区则有布农[7]、排湾、鲁凯[8]及曹族[9]的住家展示，并定期举行丰年祭、打耳祭、成年礼、结婚礼等活动。

屏东县玛家乡北叶村风景巷104号

08-7991219

08:30～17:00
每周一休园（如逢假日照常开放）

二高（"国道"三号）→九如交流道→3、24号省道→水门，沿指示标可抵。

于屏东市搭乘往三地门的屏东客运，于水门下车步行约2公里可抵，假日有班车直抵。

---

① 排湾：部分高山族的自称。
② 泰雅：部分高山族的自称。
③ 赛夏：部分高山族的自称。
④ 阿美：高山族中人口最多的一部分。
⑤ 卑南：部分高山族的自称。习俗接近阿美人。
⑥ 雅美：部分高山族的自称。
⑦ 布农：部分高山族的自称。
⑧ 鲁凯：部分高山族的自称。
⑨ 曹：部分高山族的自称。

【雾台部落之旅】

看见雾台，惊艳于南台湾山林的美。车越往高处行，越见谷深蓊郁、绿意盎然，美丽的部落就深藏在山谷之间。在雾台走访石板巷，欣赏石板工艺与建筑之美，雾台乡公所及当地民宿提供多样化的旅游服务及谘询，可安排一日游至三日游，概分为生态自然与人文巡礼两大部分，另亦可参与手工DIY制作。像是雾台艺术村之旅、阿礼樱花季之旅、鲁凯文化之旅等，可洽各家民宿。

备注：
1. 欲进入雾台乡，须于三德检查哨办理甲种入山证。
2. 雾台位属山地甲种管制区，请珍惜这片山林，勿随意污染破坏。
3. 雾台乡公所：08-7902234

三地门→24号省道可抵。

于屏东搭乘往三地门的屏东客运，于水门站下车后转搭计程车前往。

景点1 神山瀑布

从神山山庄门口左边岔路，往溪谷下行，行至「神山瀑布」的字样，从阶梯步行下去，瀑布与周遭绿意神奇的搭配之下，有着掩不住的亮丽光彩。壮大的水瀑倾泄而下，声势如万马奔腾。

景点2 石板天主教堂

这座「石板」教堂，运用现代的工艺技术建筑而成，是鲁凯文化与宗教的冲击融合之作，细细观察不难发现，这座建筑是鲁凯文化表现的精髓所在，内部的墙面是以大理石铺设而成，各式摆设也充满巧思。

神山瀑布

景点3 倾听山与水的合鸣－神秘野营谷

08-7231393 0912132136

营区设施：厕所、卫浴、餐厅、贩卖部、烤肉设施

由神山部落往神山山庄的方向行，至山庄门口走左边岔路，往溪谷下行约10-15分钟，即可抵神秘野营谷。

怎么会有这么美的地方？在南台湾的山中竟会藏着这一处桃源，驻足在山与水的交界，在几近透明的溪水中，彷佛看见一个小世界的惊奇，想把自己放逐在这么美的地方。看阳光照射在山壁上，投影至水面的是绿色的倒影，和谐之中舒放平静的气息。

美食1 天然消暑圣品－神山爱玉冰

屏东县雾台乡雾台村神山巷16-1号

08-7902418

大热天逛累了，请来吃一碗清凉的爱玉吧，因为高山爱玉不能喷药，所以一定是有机的天然食品，这种天然的消暑、退火圣品，富含膳食纤维，对人体有很大的助益。

民宿1 梦想之家

屏东县雾台乡雾台村5邻38号

08-7902312

梦想之家整栋屋子用石板砌墙，呈现出鲁凯族人「家」的感觉。半圆形的屋顶，用陶瓮的造型，来表达鲁凯族人生命地位的象征，住宿房间完全以石板构筑，是原住民原汁原味的风格。来梦想之家与主人分享原住民的智慧，让生命与文化永续传承。

民宿2 杜巴男民宿

屏东县雾台乡雾台村岩板巷53号

08-7902281

雾台乡国宝级的雕刻大师杜巴男，曾被推举为「台湾原住民艺术楷模」，在这栋完全以石板建造的家，将艺术融入生活，让鲁凯族的传统文化灵活展现。客厅的大柱子，是杜巴男亲手雕刻，其上的图腾叙述自己年轻时候的英勇故事。

游玩路线3

海洋生物博物馆 9.5 → 恒春 5.5 → 龙銮潭 4.5 → 后壁湖游艇港 2.5 → 猫鼻头 4 → 白砂湾 4.5 → 关山

【海洋生物博物馆】

海生馆彷佛是座落在海滨上的一颗夜明珠，主要展场为台湾水域馆、珊瑚王国馆、世界水域馆等。珊瑚王国馆壮丽的活珊瑚让人惊叹，鲜艳的热带鱼悠游其中，穿梭在巨型人造海洋中，亲临绚丽的世界。台湾水域馆则以大型水族缸为主，模拟各种台湾溪流环境，让人有身历其境的感受。

屏东县车城乡后湾村后湾路2号　08-8825001

全年无休

中山高（“国道”一号）→小港端→沿17、1、26号省道→屏153乡道可抵。

于高雄火车站或小港机场搭乘台汽、屏东客运及中南客运至车城。于车城农会对面有中南客　运接驳车往返海生馆，可多加利用。

【恒春～恒春古城】

恒春镇位在恒春半岛最南端，而恒春古城就坐落在镇中央，是目前全省保存较完整的古城，城墙四周围有壕沟围绕，四座古城门也是台湾保存最完善的城门，西门一带商店集聚，地道的小吃集中在此。

1. 海洋生物博物馆→26号省道南下可抵。
2. 中山高(“国道”一号)→小港端→沿17、1、26号省道南下可抵。

于高雄市、小港机场、屏东市搭乘往恒春、垦丁、鹅銮鼻等地的国光、高雄、屏东客运可抵。

景点1 恒春生态休闲农场

- 屏东县恒春镇山脚里山脚路28之5号
- 08-8892633
- 恒春镇→中正路→过东门桥即转入山脚路，往赤牛岭镇南宫方向上山，依指标可抵。
- 从小港机场、屏东火车站及高雄火车站，皆可搭乘往恒春及垦丁方向的客运巴士(如国光、高雄、屏东、中南等客运)，于恒春站下车请店家接送。(需事先预约)

位于恒春近郊的「恒春生态休闲农场」，成立蝴蝶养成区、萤火虫复育区、水生植物观察区及自然岩石观赏区，「有机蔬果生产区」不使用农药及化肥，各式时令蔬果让游客大快朵颐。周边还有球场、游泳池、庭园茶苑等设施，是休憩度假的好去处。

景点2 小垦丁牛仔度假村

- 屏东县满洲乡满洲村中山路205号
- 08-8802880
- http://www.kentington.com.tw
- 恒春→200县道往满洲沿指示标可抵。
- 恒春→小垦丁牛仔渡假村有班车往返，详情参考网站。

小垦丁牛仔渡假村位于四处拥有广大草原的牧草之乡-屏东县满洲乡，占地40余公顷，拥有309栋进口原木建造的芬多精木屋及占地2000多坪的乡村俱乐部。整座山庄散发粗犷的原野气息，让人恍若置身充满异国风情的西部牛仔部落中。

【龙銮潭】

龙銮潭为一座人工的蓄水湖，每年秋冬季节总引来大批冬候鸟在此栖息，垦丁国家公园管理处在湖畔设了一座自然中心，并设置多座高倍单筒望远镜及自动摄影机，让游客欣赏冬候鸟多采多姿的生态世界。

自然中心

龙銮潭自然中心

地址：屏东县恒春镇草潭路250巷86号

电话：08-8891456

恒春→26号省道→屏158乡道沿指示标可抵。

于恒春搭乘往垦丁的客运，于马鞍山站下步行可抵。

景点1 柏林生态家庭农场

屏东县恒春镇大光里砂尾路61之4号

08-8866770

恒春→26号省道→接屏153乡道→琼麻工业展示馆转入大光路→屏160乡道可抵。

在柏林生态家庭农场，看不见柏油水泥堆砌的庭园或步道；也因为地势较高，坐在农场草原即可望见南湾海域与鹅銮鼻岬角；到了夜晚浩瀚宇宙则如星座图般星罗棋布。如此浑然天成的度假地，农场主人正热情邀约！

【后壁湖渔港娱乐船码头】

后壁湖渔港，于下午三点过后，渔船陆续进港，原本宁静的渔港便热络了起来。搭乘垦丁海世界的观光半潜艇，来趟海洋生态知性教育之旅，欣赏后壁湖的海岸风光。

垦丁海世界观光半潜艇 地址：屏东县恒春镇大光里大光路79-57号（恒春区渔会娱乐渔船候船室） 电话：08-8866938

无客运可抵，于恒春或垦丁搭计程车前往。

【猫鼻头】

位于恒春半岛西南的猫鼻头，和鹅銮鼻分属台湾最南端的两大犄角；海岸上因受海水长年侵蚀，故海蚀作用强烈，有海蚀沟、海蚀壶穴、海蚀礁柱等地形。

猫鼻头游客中心
08-8867520

恒春→26号省道→屏153乡道沿指示标可抵。

无客运可抵，于恒春或垦丁搭计程车前往。

【白砂湾】

白砂湾有一片长达数百公尺的白色沙岸，衬以蓝天白云美景，显得特别动人。游客可于沙滩上漫步赏景、捡拾贝壳、听潮赏贝壳海，十分轻松惬意。舒适整洁的露营场地，适合家庭团体渡假。

白砂湾海水浴场
地址：屏东县恒春镇水泉里白砂路31-1号
电话：08-8866551

恒春→26号省道→屏153乡道沿指示标可抵。

无客运可抵，于恒春或垦丁搭计程车前往。

后壁湖渔港娱乐船码头

【关山】

于关山山顶可望见恒春和枋山的海岸风光，往东则可鸟瞰龙銮潭的湖泊景致，大岩洞、福灵龟也是著名的景点。不容错过的关山夕照，将台湾海峡照得一片金黄，平静的海面全被彩霞笼罩着，如诗如画。

恒春→26号省道→屏156、161乡道沿指示标可抵。

无客运可抵，于恒春搭计程车前往。

游玩路线 4

南湾 4 → 垦丁路 0.4 → 垦丁海水浴场·小湾 3 → 船帆石 5 → 鹅銮鼻 6 → 风吹沙 7.5 → 佳乐水

【南湾】

南湾是水上活动的大本营，平坦的海岸、波浪适中，十分适合游泳、滑水、驾帆船，或在沙滩上打排球、漫步、日光浴。波浪较高时，可看见许多好手，踩着冲浪板驭浪而行。这片美丽的沙滩衬着圆弧的海岸线，是垦丁最著名的代表景观之一。

南湾游憩区　电话：08-8892894

地址：屏东县恒春镇南湾里南湾路223号

中山高（“国道”一号）→小港端→17、1、26号省道可抵。

于高雄市、小港机场、恒春搭乘往垦丁的客运，于南湾站下车。

住宿 1 垦丁天鹅湖温泉别墅饭店

屏东县恒春镇垦丁南湾路500号

08-8891234-15

全国唯一在饭店内的温泉野溪，椰林冷泉游泳池，椰影环抱，温煦的阳光照着树梢洒落，多样SPA水疗设施，让压力在冲击间消失，让精、气、神在按摩间复苏。

【垦丁路】

来垦丁可以住民宿，或是高级饭店任君选择。至于垦丁的夜生活就更不能错过，走在垦丁大街上可以感受热带风情的气息，畅游DiscoPub，享受震耳欲聋的音乐声，越夜越美丽！

【垦丁海水浴场·小湾】

垦丁市街的两端各有一片沙滩可供戏水，垦丁海水浴场沙滩连绵数百公尺，海面上游人逐浪，好不热闹。由于腹地广阔，举凡是风浪板、冲浪、嬉水等，皆活跃在垦丁海水浴场的每一隅。「小湾」则是与垦丁海水浴场隔着青蛙石所成的岬角，沙白浪碧，水域深浅适中。

中山高（“国道”一号）→小港端→17、1、26号省道可抵。

于高雄市、小港机场、恒春搭乘往垦丁、鹅銮鼻的客运，于垦丁海水浴场、小湾下车。

住宿2 夏都沙滩酒店

屏东县恒春镇垦丁路451号　　08-8862345

夏都是垦丁国家公园亚热带植物花园唯一的私人沙滩酒店，这里的海岸线绵延不绝，足足有四公里长，可以像在家一样赤着脚自由自在的游走，还有腹地广大的户外游泳池，是属于亲子同乐的戏水池，让你轻轻松松享受一个悠闲的假期。

【船帆石】

从垦丁继续往南，从蔚蓝海面看去，会发现这一个像是要启航的帆船的地标，这个巨大的珊瑚礁石就是船帆石，旁边的沙滩也有不少的水上活动。船帆石附近有许多特色民宿供食宿，亦是一不错的景点。

【鹅銮鼻公园·灯塔】

鹅銮鼻位台湾最南端，公园内为珊瑚礁石岩地形，且动、植物资源丰富，成群结队的红尾伯劳会于每年九月间于此过境，更为公园增添景致。鹅銮鼻灯塔位于台湾最尾端，也是鹅銮鼻的标记。

屏东县恒春镇鹅銮里灯塔路90号
08-8851111
中山高（“国道”一号）→小港端→17、1、26号省道可抵。
于高雄市、小港机场搭乘往鹅銮鼻的客运可抵。

【风吹沙】

风吹沙景观出现于鹅銮鼻东北侧，冬季强烈的东北季风将沙石吹向海崖的崖顶，而形成了砂瀑景观。数十公尺的沙丘散布在沙带上，丘上寸草不生，其中又以马鞍藤苍翠的叶片点缀于沙丘中最为引人注目。

中山高（“国道”一号）→小港端→17、1、26号省道可抵。

【佳乐水】

位于恒春半岛东侧海岸上，属于珊瑚礁与砂岩的地形，有人称之为南部的野柳。游乐区内有一条岩岸步道，全长约2.5公里，只要沿着步道往前走，就可欣赏各式奇岩怪石和海浪击岸的壮阔景致。

佳乐水风景区管理处
地址：屏东县满州乡港口段492-1号
电话：08-8801083
中山高（“国道”一号）→小港端→17、1、26号省道可抵。
于恒春搭乘往佳乐水的屏东客运可抵。

◀船帆石

1

台东县 *Taitung*

海岸线绵延176公里，如雪浪花映照绿岛、兰屿两颗珍珠。骑单车看不尽绿意，浑然天成气象万千的缤纷。

1. 苍翠自然的扫别山。
2. 兰屿呈现热带岛屿气息。
3. 龙田产业道路上导览员深入的解说。
4. 8～10月金针山上盛开的金针花。

鹿野高台

台东县

发光发热的后山传奇

当地小吃：
台东市四维路夜市、正气路水煎包、甜饼、豆浆、烧饼油条、咸米苔目、安庆街、榕树下米台目、更生北路卑南猪血汤。
成功渔港；富冈渔港海鲜（鲔鱼、鱼伞旗鱼）绿岛芡粿、羊肉炉、池上饭包。

当地特产：
凤梨释迦、大白柚、成功柴鱼、知本柚子茶、菊神茶、太麻里金针、洛神花。

民俗采风：
农历1月15日台东市炮轰寒单爷、农历3月上旬兰屿达悟族飞鱼祭、农历4月30延平乡红叶村布农族打耳祭、农历8月15卑南乡大南村鲁凯族丰年祭。

游玩路线 1

南回公路 52 → 金仑温泉 19.5 → 太麻里金针山 19.5 → 知本风情画 19 → 卑南文化公园 12.5 → 初鹿牧场 12.5 → 红叶·瑞穗温泉 12 → 鹿野风光

【南回公路】

由屏东枫港到台东市，全长107公里，是联络高屏及花东的主要干道，途经达仁、大武、金仑、太麻里、知本、卑南，沿途风景优美且有许多保留原始风味的温泉。

【金仑温泉】

金仑温泉位于金仑溪中下游段，区内地热温泉丰沛、溪谷景观俊俏多变，泉质属于弱碱性碳酸泉，具有促进血液循环、皮肤病、关节炎、神经痛、养颜美容等功效。

枫港→台9线（南回公路）往太麻里方向可抵。

于台东火车站搭乘顶东客运至金仑站。

温泉 1

东太阳SPA温泉会馆

台东县太麻里金仑温泉1－6号

089-772128

金仑→沿指标可抵。

会馆无论是在泡汤区或是房间里，都具有看山、看海的宽阔视野。结合SPA自然疗法及日本的汤冶经验，提供一处洗涤心灵的度假保养圣地。

【太麻里金针山】

沿太麻里加油站对面的产业道路上山，约12公里可抵观景凉亭和赏景步道，从这里可以远眺旭日从太平洋升起的壮丽景观。金针山除了欣赏秋天（8～10月）盛开的金针花外，还有春天的樱花、杏花及百合花，繁花染遍了绿色山峦，美不胜收。

枫港→台9线（南回公路）往太麻里方向可抵。

于台东市搭乘鼎东客运；搭乘南回铁路均至太麻里，再转搭计程车。

民宿 1

深山亚都度假会馆

台东县太麻里乡大王村佳仑42-12号　089-783723

太麻里→沿指示标可抵。

深山亚都就像「山上的五星级饭店」，干净舒适的环境，连棉被都是选择最好的蚕丝被和枕头，让你香甜入梦。另外还有探索不尽的大自然奥秘，等着游客来发现。

太麻里金针山

【知本风情画】

东台湾最HOT的温泉，就在名闻遐迩的知本地区。四周群山环抱，泉质属于无色无味的碳酸氢钠泉，林立的温泉旅社让游客眼花缭乱。泡玩汤后还有清觉寺、白玉瀑布、知本森林游乐区等景点可享受满山绿意。

太麻里→台9线沿指示标可抵。

于台东市搭乘往内温泉的鼎东客运「山线」班车，于清觉寺、白玉瀑布、内温泉等站下车。

温泉1 知本老爷大酒店

台东县卑南乡温泉村龙泉路113巷23号

089-510666

知本老爷建于小山坡上的户外温泉浴场，山峦翠绿环绕，浸泡此自然池中，身心舒畅！来到知本老爷，温暖与体贴是这里的第一感受。

温泉2 丫·一丫旺温泉度假中心

台东县卑南乡知本温泉村龙泉路136号

089-515827

依着山区地势而建的丫·一丫旺，有好大的一片湖泊，这就是得天独厚的自然资源。源源不绝的温泉循环换水，浸泡其间，听虫鸣鸟叫、嗅芬多精，心灵无比舒畅。

【知本森林游乐区】

知本森林游乐区内有观林吊桥和人造瀑布流贯其间，是享受森林浴的好地方，园区纯净无污染，形成丰富的生态环境；另有露营区、烤肉区、苗圃区、山庄等设施，登山步道可让游客漫步于森林中。

台东县卑南乡温泉村龙泉路290号

089-513395

【卑南文化公园】

台湾第一座遗址公园，将卑南遗址的重要堆积现象于现地保存与展示，在游客服务中心内尚有「卑南文化与卑南遗址」等展示，在开阔舒适的绿色公园里，结合文化探索和游憩等功能。

台东市南王里文化公园路200号

1. 知本→9、9乙省道沿指示标可抵。 2. 台东旧火车站→更生路→更生北路可抵。

于台东市搭乘鼎东、花莲客运山线班车，于卑南国中站下可抵。

【初鹿牧场】

初鹿牧场气候温和，绿草如茵，只见一头头温驯的乳牛埋首于青青牧草中，是一幅欧洲庄园的美丽景象。游客到此可一览开阔的原野风光、品尝香浓的鲜乳、漫步在广袤草原中，放松身心。

台东县卑南乡明峰村牧场1号

089-571002

卑南→9号省道→初鹿→沿指示标可抵。

于台东市搭乘鼎东、花莲客运山线班车，于初鹿站下转搭计程车可抵。

【布农红叶温泉】

位于布农部落内的布农红叶温泉，是游客旅游鹿野时必定顺游的景点，温泉水质属于弱碱性碳酸氢钠泉，泉水清澈，故被称为美人汤，常常浸泡对皮肤具有美白、滋润的效果。目前泡汤区共有11种泡汤池，有 3 座SPA温泉池、 5 座凉亭温泉池、 2 座冷池、 1 座儿童戏水池，未来还将规划具私密性的男汤和女汤，只要一票就能玩到底。除了泡汤设施外，还有露营区，帐棚放在木制小屋内，即使下雨也不用担心漏雨，这样的规划相当用心。

布农红叶温泉

地址：台东县延平乡红叶村红谷路120号

电话：089-561311

初鹿→ 9 号省道→四维→东36乡道→红叶国小。

于台东市、花莲市搭乘鼎东、花莲客运山线班车，于四维站下转搭计程车。

【红叶少棒纪念馆】

红叶部落因为少棒而举世闻名，昔日设备极差，连买手套、棒球的经费都没有，从「以石为球，以竹为棒」开始奋力不懈的练习，终于在1968年一场与日本关西少棒联盟争夺世界冠军赛中，以七比零的悬殊比数击败强敌，因此震惊了全世界，也掀起台湾对棒球运动的重视。

为了颂扬这群为国争光的小英雄，1992年于红叶小学内建纪念馆，馆内除了各大报章的文字记载，还有球员捐出的衣服、手套，详实记录红叶少棒的过去历史，供游客缅怀。

【鹿野风光】

鹿野的两大名产，可说是一为「福鹿茶」；二为「飞行伞场地」。鹿野视野开阔、茶园井然，民宿茶庄纷纷兴起，已成为一休闲观光地带。另有「龙田自行车道」，顺着走可尽赏鹿野、红叶风情。

初鹿→9号省道可抵。

于台东市、花莲市搭乘鼎东、花莲客运至鹿野。

景点1 龙田自行车道

「阿度的店」脚踏车出租店—向阿度的店租车，只要两人以上，付每人100元的自行车租金，就可免费享有导览员深入且亲切的解说。

台东县鹿野乡龙田村光荣路232号

089-550706

龙田产业道路最大特色是路宽、笔直，坡度平缓好骑不费力，非常适合亲子同游。轻踩着脚踏车，娴静的农村风景画横列眼前，踩着道路上白、黄色的「枫叶」指标，沿路上好吃好逛的东西特多。

景点2 绿色隧道

骑进小叶榄仁绿色隧道，凉荫夹道是最是舒服惬意，一路下坡不需要踩动踏板，就能享受顺风而行的淋漓痛快。绿色隧道中段的黄土地，是飞行伞的降落地。

景点3 鹿野高台

新兴的飞行伞训练场地，一朵朵五颜六色的飞行伞，为绿色山头增添了热闹活泼的气氛。从鹿野高台往下俯瞰绿色田野，正正方方的棋盘式农田，与远方山峦合成天然的田园诗篇。

▼爱娇姨风味餐
▼连记茶庄

景点4 连记茶庄

台东县鹿野乡永安村高台路100号
089-551117

为了推广茶文化，主人用心经营民宿，有兴趣的游客还可到制茶厂参观。餐点除了以健康为主要考量外，也融入茶做料理，如拂手茶炖鸡、乌龙茶料理等。

美食1 爱娇姨风味餐

鹿野乡永安村高台路109巷32弄9号
089-550678

以茶入菜是主要料理手法，各式茶餐如茶叶香酥脆、绿茶炸豆腐、红茶鸡丁、茶油辣椒鸡汤、绿茶炒面……等，二十多道的茶料理，让你吃出饱足感，清淡不油腻。

游玩路线 2

台东市 7 → 富冈港 1 → 小野柳 4.5 → 杉原海水浴场 15.5 → 金樽游憩区 4 → 东河 6.5 → 东部海岸国家风景区管理处 12 → 新港 5.5 → 三仙台 24 → 长滨 9.5 → 八仙洞

【富冈港】

富冈港又名伽蓝港，是一个兼具渔业、观光、交通的多元化港口，不只是重要的渔货集散中心，也是往返绿岛、兰屿交通的重要门户。通常在上午8点半会在渔会活动中心前拍卖当天渔货，菜市场边也有各色海鲜零售。

台东区渔会　地址：台东市富冈街297号　电话：089-281050

台东市→台11线省道→富冈街→富冈港。

于台东市搭乘鼎东客运往富冈港（经中华大桥）。

活动1 赏鲸豚活动

东部海岸一到盛夏，赏鲸豚活动就越发烧。赏鲸船内会配备各式先进设备，可以很快发现鱼群并快速赶到观赏地点。另外像是救生衣、救生员、消防设施、保险等也齐备，让游客都可以快快乐乐赏鲸，平平安安回家。

船运交通

晋领号赏鲸豚海洋生态之旅

089-280285・280287

台东市松江路1段141之1号(富冈港)

尘之缘绿岛兰屿联合售票处～绿岛之星2号

089-281460

台东市吉林路二段610号(省道进入渔港附近)

久信轮船交通公司～超级星

089-280290

售票处：台东市富冈街32号

尘之缘～绿岛之星2号

特别介绍【绿岛】

绿岛位于台东外海，近几年已建设成为一处观光胜地。著名景点多分布在环岛公路两旁，若以机场附近的绿岛游客中心采顺时针方式游赏，依序可抵达绿岛灯塔、鼻头角、将军岩、绿岛公园、楠仔湖、观音洞、海上长城、哈巴狗岩、睡美人岩、绿岛温泉、绿岛露营区、白沙湾、紫沙坪泻湖、大白沙、龙虾洞、乌鬼洞、八仙洞等，其中最珍贵的应属世界少有的绿岛海底温泉。此外，绿岛也是爱好潜水和浮潜活动者的天堂，岛上有潜水服务站提供潜水器具，而不会潜水的游客也可搭乘观光潜艇和玻璃游艇，欣赏多彩多姿的海底世界。

景点1 朝日温泉

温泉处于潮间带，是全世界仅有的三处海底温泉之一，辟有露天浴池及温泉泳池。温泉区上方还有盥洗室、观景楼、步道、夜间照明等设施。

绿岛灯塔

景点2 绿岛灯塔

位于机场尽头的鼻头角上，纯白的直筒状建筑与碧海蓝天相辉映，由台地上俯视海景，配合四周的绿色草原，景致优美、自然，十分迷人。

景点3 哈巴狗、睡美人

位在绿岛的东方「海参坪」的南边，睡美人岩与哈巴狗岩互相对立着，有如哈巴狗守在沉睡中的睡美人身边一般，造型生动可爱。

景点4 绿岛公园

绿岛公园即人权纪念公园，纪念白色恐怖所建，建筑庄严静谧，让人肃然起敬。园内林木苍郁，设有望海亭、静心亭、仰止亭，是眺望海景的好地方。

哈巴狗、睡美人

住宿1 玲华园

台东县绿岛乡柴口95号

089-672715

玲华园在主人的创意与规划下，呈现出热情的南洋风味，站在二楼阳台可以望见牛头山、将军岩和一片碧海蓝天，峻丽的自然景观，让心情为之一振。

住宿2 绿海小筑

台东县绿岛乡南寮村渔港路16号之2

089-671088

绿海小筑有着背山面海的美丽景致，门外是一片绿色庭园，L型的外观是由两栋白色建筑所构成，在素雅的环境中，提供12间整洁的套房，舒适宜人。

特别介绍【兰屿】

兰屿位于台东外海，呈现热带岛屿气息，是台湾唯一有雅美族分布的地方。环岛公路串连岛上的红头、渔人、东清、野银、朗岛及椰油等6个部落和景点，租机车环岛是最方便的观光方式。

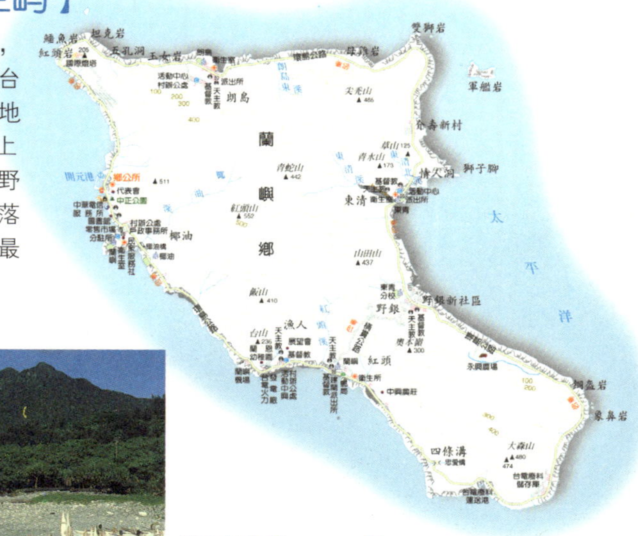

兰屿乡公所 089－732009

兰屿生态旅游中心 089-732530

景点1 军舰岩

军舰岩由一堆堆的珊瑚礁岛所组成，因状似停泊在海面上的军舰而得名。相传在第二次世界大战时，美国空军还误以为军舰岩是日本的军舰。

景点2 坦克岩

坦克岩位于开元港的北方，整块岩石就好像一辆坦克车，上面长满了绿色的鲜苔，是一处紧靠珊瑚礁的岩石奇景。岩石中有大洞穿透，偶尔尚可见牛、羊穿梭其中，景致优美。

景点3 帽子岩·睡狮岩·龙头岩

帽子岩矗立于公路左侧，为一珊瑚礁构成的奇景，远望好似一顶钢盔。睡狮岩在帽子岩附近，状似一只狮子伏卧在一片草地上，十分可爱有趣。龙头岩位于大森林山的东南边，外形好似一条龙对空怒吼，景观十分特殊。

【小野柳】

巨大的珊瑚礁群曲折迷离，岩上并有海榕生长，景观十分特殊。单斜脊、豆腐岩、蕈状石等各种奇岩怪石，宛如天然地理教室，也因风景酷似北海岸的野柳，故名小野柳。

小野柳游客服务中心　地址：台东市松江路500号　电话：089-281530
台东市、花莲市→分别沿11号省道北上、南下可抵；富冈→小野柳。
于台东市、花莲市搭乘鼎东、花莲客运海线班车，于小野柳站下可抵。

【杉原海水浴场】

位于都兰湾南端，这一片弧形的海滩，远观宛如一轮明月美景。坡度平缓，沙质细致，海水清澈洁净。除了游泳戏水，沙滩排球及日光浴之外，更引进帆船、香蕉船、滑水、快艇、沙滩车、水上摩托车及浮潜等各式的水上游乐活动。

台东县卑南乡富山村2号
089-281151
台东市→台11线→经富冈、小野柳可抵。
于台东市搭乘鼎东客运往泰源、成功、静浦方向，于杉原站下车。

【金樽游憩区—金樽咖啡】

金樽有美丽的大海、轻柔的沙滩、台湾唯一还在生成的陆连岛，以及随意就可以远眺到的绿岛。金樽咖啡馆没有窗户，有自然风和海涛声，是一处咖啡与海洋亲密对话的地方。

台东县东河乡七里桥路11号（台11线139.5公里）
早上9点-晚上6点　逢周二公休
杉原海水浴场→台11线139.5公里
于台东市搭乘鼎东客运，往东河方向，于金樽站下车。

美食1 东河～东河肉包

金樽游憩区→台11线可抵。
于台东市、花莲市搭乘鼎东、花莲、国光客运海线班车，于东河桥站下可抵。

许多来东河乡的游客，多是慕肉包的鲜味美名而来；光是香味，就让人口水直流。成立近45年的东河肉包秉持独家手法，做出皮Q、馅多、口感极佳的鲜肉包。

美食推荐 **东河肉包子** 完全为手工制作，包子内馅为猪的后腿肉和竹笋所制成，口感非常特别，皮嫩馅多，一口咬下齿颊留香！

住宿1 河南边民宿

台东县东河乡东河村南东河4邻18号
089-896673

造访最有阿美族热情的洋房民宿，河南边有东海岸山水俱美的天然景观，还有用心营造的干净空间，大片透明玻璃窗将海变成了墙上的壁画，还可以品尝到最地道的阿美族风味餐，令人难以忘怀。

景点1 泰源幽谷

新东河桥→23号省道可抵。
于台东市或成功搭往泰源、东河农场的鼎东客运，可抵登仙峡谷。

泰源幽谷以泰源村为主体，南溪支流河床砾石遍布，是「石头族」寻宝的天堂。泰源村内餐厅、旅社俱全，山海产及野味小吃更是有名。「登仙峡谷」长约四公里，两岸峭壁断崖，为精华景区。

【东部海岸国家风景区管理处】

东管处游客服务中心很美，不但有与海洋一起铺陈的绿茵草地，更有常态性原住民文物展示，及让人放松的自然生态步道。特别设立了阿美族民俗中心，忠实呈现了传统实村落的格局。

台东县成功镇信义里新村路25号

089-841520

东河→台11线可抵。

于台东市、花莲市搭乘鼎东、花莲、国光客运海线班车，于东管处站下可抵。

美食1 喜乐景咖啡

台东县成功镇信义里新村路25号（东部海岸国家风管处游客中心内）

喜乐景的咖啡芳香，可说是一味心情调味剂，让游客从惊艳的雀跃，慢慢升华为知性的丰盈与喜悦，此山此水就是悠闲的最佳写照！

【新港渔港】

渔货直销市场可供采买生鲜渔获，设有熟食区可就地将新鲜渔获交由店家料理。另可参观水族生态展示馆、旅客服务中心与浮动码头设施，豪华舒适之娱乐渔船，可载客出海赏鲸、赏景。

东河→台11线可抵。

于台东市、花莲市搭乘鼎东、花莲、国光客运海线班车，于新港下。

美食推荐

成功渔港是最著名的柴鱼故乡，制作柴鱼所用的鱼通常是鲣鱼或鲔鱼，制作过程相当繁琐，过程中需要用炭火慢慢烘，前后大约需要一个礼拜的时间。

【三仙台】

由于小岛上屹立着三座巨岩，民间将之神化，称吕洞宾、何仙姑与李铁拐三位神仙曾来过此岛，进而得名三仙台。岛上还有一座优美的八拱跨海人行步桥，沿途可见海蚀沟、壶穴、海蚀柱、海蚀凹壁等海蚀景观。

三仙台游客服务中心
地址：台东县成功镇三仙里基翬路74号
电话：089-850785

新港→台11线可抵。

于台东市、花莲市搭乘鼎东、花莲、国光客运海线班车，于三仙台站下。

【长滨】

山水俱美的长滨乡，其实是个渡假的好地方，住宿这里的特色民宿，跟着主人的带领，不仅可以观赏到重要的文化遗产：「长滨遗址」，还有石坑沙滩、田园风光可以欣赏游玩。

三仙台→台11线可抵。

于台东市、花莲市搭乘鼎东、花莲客运海线班车，可抵长滨。

住宿1 竹湖山居

台东县长滨乡竹湖村1邻41号

089-832383

1. 来竹湖山居请预约。
2. 游客请于台11线90.6K（齿草桥），或92.3K（竹湖国小）与主人约定时间接送。

竹湖山居远离尘世，遗世独居，丰富的生态之美让人惊叹。在这苍翠自然的扫别山中，只有满眼的绿，来竹湖山居渡假可以沉静心灵。

住宿2 巴歌浪船屋

台东县长滨乡大峰峰15号

0920-196504

与海很近的巴歌浪船屋，独特的造型吸引游客的目光，除了体验舒适的船上住宿外，户外还有宽广的营火晚会场地、海水SPA游泳池及露营区。

【八仙洞】

八仙洞本为间歇性上升的岩壁，受海浪冲击而形成的奇妙洞穴，分别命名为灵岩洞、潮音洞、永安洞、朝阳洞、昆仑洞……等。洞内已成为信仰重镇，香火不断，在更高处的洞穴中则曾发现五、六千年前的长滨文化遗址。

八仙洞游客服务中心　地址：台东县长滨乡水母丁1-4号
电话：089-881418

长滨→台11线可抵。

于台东市、花莲市搭乘鼎东、花莲客运海线班车，于八仙洞站下。

游玩路线3

南部横贯公路 113.5 → 利稻村 11 → 雾鹿峡谷 20 → 池上 11.5 → 关山消遥游

【利稻村】

利稻（LIDWU）村是布农族的部落，为南横线上的美丽山村。利稻一年四季气候宜人，春天的野杜鹃、夏天的野百合、秋天的青枫、冬天的红樱，把小小的山城点缀得五彩缤纷。游客可来此体会布农人的生活和迷人风光。

1. 高雄宝来→20号省道可抵。
2. 台东初来→20号省道可抵。

于台东市搭乘往利稻的鼎东客运或往天池的国光客运可抵。

【雾鹿峡谷】

雾鹿峡谷由高空往下望，是一个S形，新武吕溪不断的切割着关山，让关山有高达千余公尺的大峡谷，气势磅礴。而南横公路，在山和峡谷间蜿蜒游走，景致优美，一路行来，高山绿景与陡峭山崖相互交错，可谓鬼斧神工。

1. 高雄宝来→20号省道可抵。
2. 台东初来→20号省道可抵。

于台东市搭乘往利稻的鼎东客运或往天池的国光客运可抵。

【池上一环圳自行车道】

来池上乡除了便当不可不尝外，骑单车逛乡野田间小路，已成另一种新的旅游方式，在这里四季之美的交替，都在稻田、油菜花田的颜色中变化，阡陌纵横，像极了一张大水彩画，景色绝佳。从大波池出发，沿着环绕水圳的田间小路骑，走入昔日纯朴的农家生活。

单车出租　**振东车行**　地址：台东县池上乡中山路142号
电话：089-863433

雾鹿→20、20甲省道可抵。

于台东市搭乘鼎东客运山线班车可抵池上；搭乘花东线铁路于池上站下。

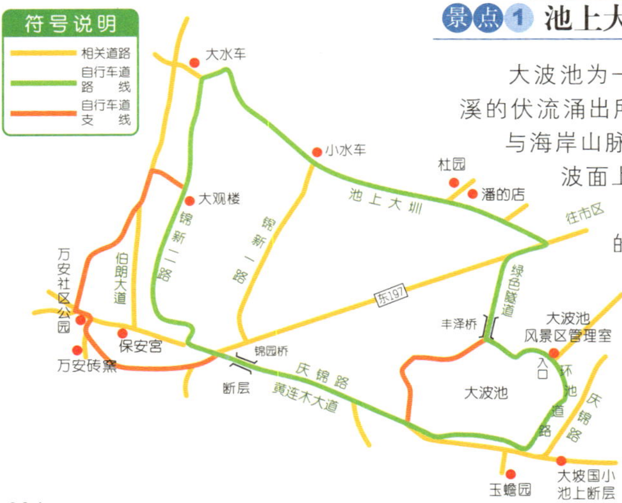

景点1 池上大波池

大波池为一天然湖泊，是新武吕溪的伏流涌出所形成，由于中央山脉与海岸山脉在此形成峡谷面貌，波面上山影清晰倒立，湖光山色的美，是大自然的生命力展现。近年来周边景观设施有儿童公园、观景亭、亲水区、赏鸟亭等，是亲子游憩的好去处。

▲ 池上～环圳自行车道导览图
► 大波池

美食 1 池上便当

闻名全省的「池上便当」，看起来令人食指大动。池上米自日据时期以来即被称为「皇帝米」，因为土壤水利之胜的自然环境，是种植优质米的好地方，生产出来的米自然特别好吃！

景点 2 怀旧水车

水圳车道上，大小二座水车成为观赏的地标之一。过大水车后约5分钟路程，在锦新二路路旁有座大观楼，凉亭上登高望远，空气清爽，是眺望米乡平原的最佳观景点。

住宿 1 池畔驿站

台东县池上乡仁爱路320号
089-865937

位于大波池旁的池畔驿站，是一座欧式庭园建筑。在主人亲切的接待之下，疲惫的身心可以得到最佳的休憩，徜徉在青山绿水环抱间，营造一次最舒适的渡假享受。

住宿2 玉蟾园

台东县池上乡锦园村新开园 162号
089-861063

到玉蟾园民宿住一晚，就像回到温暖的家一样自在随性，只要是爱大自然的人，一定会爱上这清静无扰的环境。环绕在前的中央山脉和随伺在后的海岸山脉，形成了玉蟾园四周的绝色美景。

景点3 池上牧野渡假村

台东县池上乡新兴村110号
089-862736
www.mongo.com.tw
池上桥→东欣路→沿指示标可抵。

占地400公顷的渡假村，以塞外牧野风光为主题，古战车、敖包、蒙古包、旌旗等，原汁原味的呈现，让游客能一睹蒙古的塞外风情。被选为木栅动物园第二园区，也是池上牧野渡假村的一大卖点，目前园区内有九种草食性新移民，蒙古马、斑马、羚羊等都是这里的新宠儿，宽广的草原上，可说是动物嬉闹的天堂。

景点4 池上蚕桑休闲农场

台东县池上乡万安村7邻27号
089-864973
池上外环道→县道197→锦园社区→沿指示标可抵。

位于池上乡万安村海岸山脉旁的池上蚕桑休闲农场，可以眺望整个花东纵谷，景色相当宜人。广达53公顷的农场，种植桑椹、葡萄柚，以及各种果树，游客可以一边游园健行，一边采果和野菜，顺便欣赏农场的百年老树——虎爷传奇以及西边日出的奇景。

【关山逍遥游】

关山自行车道是台湾最早设立人车分道的自行车专用道，环镇一圈全长12公里，坡度平缓好骑，风景变化丰富，适合全家大小共游，已成为东台湾热门的观光小镇。沿途风光明媚，凉风徐来，车道中有几处上坡路，是眺望关山镇的绝佳据点。在关山租脚踏车相当方便，在环镇车道起点附近，就有多家出租店。

单车出租
和益车行
地址：关山镇新福路73号
（亲水公园旁）
电话：089-812676

景点 1 关山环保亲水公园

园内面积32公顷，分为亲水公园与生态公园，规划有亲水区和动态区，设有人工河道、喷泉瀑布、水上表演广场、吊桥…… 等设施，能划船、赏莲和钓鱼，并设有民俗文物展示。关山环镇自行车道就在亲水公园划下美丽句点。

美食 1 关山肉圆老店

关山镇中华路60号
089-811396

位于天后宫前的关山肉圆老店，已有40年历史。第二代老板何明昌为彰化人，制作的用心从来没变。用进口的太白粉和带有嚼劲的猪后腿肉，让老饕爱不释口、回味无穷。

❶

花莲县 *Hualien*

秀姑峦溪奔入嶙岩大海，见鲸豚飞跃，每个人都笑颜逐开；太鲁阁睥睨绝伦，岂只鬼斧神工；念着海洋的故乡……是湛蓝。

1. 马太鞍–文化和生态共存的天堂美地。
2. 花莲海洋公园。
3. 曙光桥上眺望开阔浩瀚的太平洋，气势壮阔。
4. 海滨单车道旁的野姜花香迎风扑鼻。
5. 河床上褶皱之美，不禁赞叹造化的神奇。

花莲县

遗世独立的蔚蓝净地

当地小吃：

花莲市中华路洄澜薯道；花莲市民国路曾记麻糍；花莲市信义街液香扁食；沟仔尾夜市山海产、筒仔米糕、鲜鱼沙西米；公正街筒仔米糕、排骨汤；中强街牛肉刀削面、酸辣汤；轩辕路广东粥、蜜汁熏鹅、芝麻虾。

当地特产：

花莲薯、麻糬、玉里羊羹、瑞穗天鹤茶、鹤冈红茶、洛神花茶、凤梨酥、粟米糬。

民俗采风：

农历2月初3文昌庙文昌帝君祭、公历8、9月吉安、寿丰、凤林、光复、丰滨、瑞穗、玉里阿美族丰年祭、公历8、9月吉安乡东昌村阿美族成年祭。

游玩路线 1

瑞穗·红叶温泉 15.5 → 富源森林游乐区 13.5 → 马太鞍湿地漫游 22 → 新光兆丰休闲农场 18.5 → 池南森林游乐区 1.5 → 鲤鱼潭

【瑞穗·红叶温泉】

红叶与瑞穗温泉，分别位于红叶溪的上下游，瑞穗温泉的泉源在虎头山南麓，有「生男之泉」的美称；跨过红叶大桥即为红叶温泉。泉质均为碳酸氢钠泉，有滋润、消炎、中和胃酸的功效。各温泉山庄均有清幽的泡汤环境，保留日式风情。

花莲市、台东市→9号省道南下、北上沿指示标可抵。

于花莲市搭乘往玉里、富里的花莲客运；搭乘花东线铁路于瑞穗站下，转搭班车可抵。

民宿 1 奚卜兰民宿

花莲县丰滨乡港口村大港口97号

03-8781063

从台东由台9线经关山、池上、至瑞穗走瑞港公路经奇美即可到达长虹桥。

「秀姑峦」是阿美族话「奚卜兰」演绎而来，原为「在河口」的意思，地理环境优雅，山明水秀、鸟语花香。奚卜兰民宿则是最便于在秀姑峦溪泛舟的房宿，不论是休闲、渡假、露营、租车、简餐及风味餐皆有提供，游客可在此体验无拘无束的滨海渡假生活。

景点 1 秀姑峦溪泛舟

向上泛舟公司

花莲县丰滨乡大港口97号

起点集合处：花莲县瑞穗乡中山路三段215之1号

03-8781078

03-8781166

秀姑峦溪泛舟由瑞穗乡出发后，沿途可见河流切割出峡谷、曲流、河阶等地形，景观极为不同，而游客更可在涧谷间飞渡湍涛，体验难忘的惊险历程。瑞穗车站附近则有多家泛舟公司提供相关服务，其中向上泛舟是当地相当著名的泛舟公司，备有救生衣、具有防晒效果的帽子、伐桨等设备，让游客安心体验刺激的泛舟之旅。

【富源森林游乐区】

区内满是樟树与原始阔叶林，为全台最大的樟树林游乐区，富源溪流贯其中，区内有几条步道，如通往瀑布的绿林步道、环溪步道，及可攀爬环谷的稜脊，这些步道既是理想的森林浴场，也是登山健行的好路径。

- 花莲县瑞穗乡富源村广东路161号
- 瑞穗→9号省道沿指示标可抵。
- 于花莲市搭乘往玉里、富里的花莲客运；搭乘花东线铁路，均于富源站下。

【马太鞍湿地漫游】

光复乡旧称马太鞍，有莲乡之称的「马太鞍」，近来成了旅游新宠儿，原来台湾有这么一处清新脱俗的地方，藏在马锡山脚下。100多公顷的湿地面积，存在着无限的生命力，这里是动植物最棒的家。在马太鞍部落骑单车，不必沿着固定路线，主要赏莲区集中在「欣绿农园」与「邦查工作室」之间。

每年的五月到八月是最佳的赏荷时节，这里的赏荷时间比西部长一些，一直到十月都还看得到荷花。清晨五、六点是莲花开放的时间，最好早起以免错失观赏的好时机。

- 单车出租
  欣绿农园　　电话：03-8701861
  马太鞍驿站　电话：03-8701041
- 瑞穗→9号省道→光复，花莲糖厂就在公路旁，马太鞍湿地从糖厂前「大全桥」过去即可抵。
- 搭乘花东线铁路至光复站下，站后即是马太鞍湿地。

「巴拉告」生态捕鱼法

环山道路旁水池内是以竹竿、九芎枯枝和枯叶在水中交叠成Lakaw，也就是「让鱼栖息的鱼塘」，让不同种类的鱼、虾、贝类等，分别有适宜的栖息之所，这是阿美族人的古老传统：全世界仅见的「生态捕鱼法」。

美食 1 欣绿农园

花莲县光复乡大全街55号

03-8701861

欣绿农园以野菜和碳烤吴郭鱼，让游客吃出阿美族原味。另外八宝野菜汤、席老莲子莲藕、木鳖子、奇异菜等，都是别处难得吃到的山产野菜。欣绿农园除了经营餐厅外，也设有民宿。

景点1 光复糖厂

花莲县光复乡大进村糖厂街19号

03-8705881

花莲观光糖厂也是重要景点之一，吃古早味的清冰冰棒和脆皮冰淇淋，口味多种，保证清凉消暑。有时间还可至糖厂内走一遭，规划有各种游乐设施、糖史馆、花卉及中药草园区、日式木屋等，可供住宿。

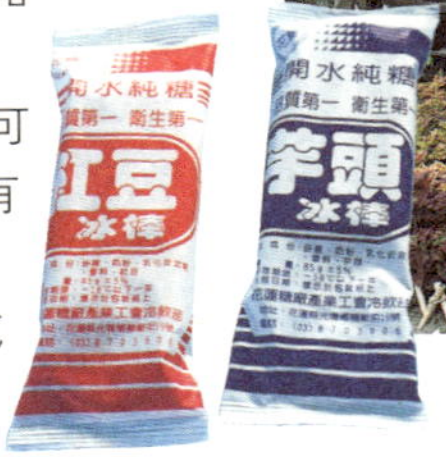

住宿1 马太鞍驿站

花莲县光复乡中山路二段85号

03-8701041

马太鞍驿站给外出游客一处干净舒适的空间，喝杯香醇的咖啡、品尝手工自制的点心，再体验一趟马太鞍湿地生态之旅，舒适自在。

【新光兆丰休闲农场】

面积广达726公顷的新光兆丰农场，是结合农、林、牧、景观、鸟园的综合休闲农场，千余坪的花园广场以群山为背景，更显得气势磅礴。漫步在四秀湖畔的环湖步道上欣赏波光粼粼，或是观赏各种动物生态，都是都市难得的体验。农场自制各种乳制品，如奶酪、鲜奶冰淇淋等，口碑都相当不错。这里广大而丰富的观光资源，最适合二日的定点旅游。

花莲县凤林镇林荣里永福街20号

03-8771410

www.skcf.com.tw

马太鞍→9号省道，沿指示标可抵。

搭乘花东线铁路至凤林站下车，转搭花莲客运于林荣站下车步行可抵。（农场有专车接送，但须于两天前预定）

【池南森林游乐区】

池南森林游乐区位于鲤鱼潭畔的木瓜溪下游，占地约5公顷。在陈列馆旁铺设有蹦蹦车铁道，让游客体验昔日伐木工人搭车的滋味。在森林铁道的终点便是森林浴步道的起点，漫步其间清风徐来，也可眺望鲤鱼潭的湖光山色。

花莲县寿丰乡池南村林园路76号　03-8641594
新光兆丰休闲农场→9号省道→至干城、寿丰接 9 丙省道，沿指示标可抵。
于花莲市搭乘往寿丰（经鲤鱼潭）的花莲客运，于池南站下。

【鲤鱼潭】

鲤鱼潭是一座天然的堰塞湖，远山倒影，风光优美动人。潭东面的鲤鱼山，更营造出另一番山林景致，有道路和步道供游客健行，欣赏美丽的花东纵谷风光。这里有多家脚踏船经营，供游客亲山近水。

鲤鱼潭游客服务中心
地址：花莲县寿丰乡池南村池南路一段 8 号
电话：03-8641691
池南森林游乐区→沿指示标可抵。
于花莲市搭乘往寿丰（经鲤鱼潭）的花莲客运可抵。

◄▼新光兆丰休闲农场

游玩路线 2

石梯坪 27.5 → 矶崎海水浴场 28.5 → 花莲海洋公园 13.5 → 南北滨公园·七星潭 0.5 → 原野牧场

【石梯坪】

花莲沿岸的岩盘突伸入海，有长有短，状似一排排的阶梯，因而得名。石梯湾及石梯坪风景最为壮丽，二者组成石梯风光，远近闻名。石梯坪风景区目前设有停车场、海边步道等设施，方便游客至此赏景游玩。

石梯坪游客服务中心
地址：花莲县丰滨乡港口村石梯坪52号　电话：03-8781452

花莲市、台东市→分沿11号省道南下、北上即可抵。

于花莲市搭乘往静浦、成功、台东的花莲客运；于台东市搭乘往花莲的鼎东客运（海线），均于石梯坪站下。

【矶崎海水浴场】

矶崎湾又称加路兰，是花东海岸线上最北的海湾。群山环绕，宽阔碧蓝的景致让人身心舒放。矶崎海滩长约3公里，沙黑质细，坡度平缓，是一个深具开发潜力的海水浴场，适合海钓、冲浪等水上活动，夏天来此露营渡假、戏水弄潮最为惬意。

花莲县丰滨乡矶崎村6-1号

03-8711251

石梯坪→11号省道北上可抵。

于花莲市搭乘往静浦、成功、台东的花莲客运；于台东市搭乘往花莲的鼎东客运（海线），均于矶崎海水浴场下。

民宿1 牛山呼庭民宿

花莲县寿丰乡永琏村牛山39-5号 03－8601400

花莲牛山，有个地方，这里的美就像一幅幅没有装框的风景画。营造自然的民宿，捡拾漂流木建造了五间风味独特的小木屋。如果事先预约用餐，就可以吃到红豆糯米饭、蒜味山猪肉、烤鱼、土鸡等最有阿美族风味的特色餐。

民宿2 十二号桥空间

花莲县寿丰乡盐寮村橄树脚16号

03-8671214

周木一家人将自己的家和每一位朋友分享，将十二号溪与桥周边的自然景观，营造出人文与自然生态、艺术相结合的空间。住宿的游客，都可以从大自然的生机脉动中吸取知识，认识生命。

【花莲海洋公园】

台湾首创海洋生态互动式主题乐园，号称太平洋岸最大最美的海洋王国，展示区内容以海洋生物为主，介绍多采多姿的海洋世界，其中最大的魅力是「海洋动物现场表演秀」，视野宽广的海洋生态景观，机灵活泼的海豚、海狮和你面对面接触，让每一位游客都能满载而归。

花莲县寿丰乡盐寮村福德189号 03－8123199

矶崎海水浴场→11号省道北上可抵。

于花莲市搭乘往静浦、成功的花莲客运；于台东市搭乘往花莲的鼎东客运（海线），均于花莲海洋公园下。

设施1 晴空缆车

为游客设计贴心的交通工具，有手扶电梯、晴空缆车，不论是走累了，或是行动较不方便的游客，都不用担心。搭乘缆车可直达水晶城堡，可从空中俯瞰海洋公园，欣赏壮丽的太平洋岸风貌。

住宿1 花莲远来大饭店

海洋假期 远来大饭店和海洋公园定期推出套装旅游行程，相关讯息可上网查询。

花莲县寿丰乡盐寮村山岭18号

03-8123999

远雄关系企业规划筹建花莲海洋公园与远来大饭店，为世界级景观饭店与休闲产业的结合，集主题乐园、自然景观公园、五星级休闲饭店为一体，不用到海外，就能轻松享受优质的休闲生活。

【南北滨公园·七星潭—花莲海滨自行车道】

以海为伴的花莲海滨，有一条台湾最美的自行车道，干净的空气、蔚蓝的海岸，还有一路的景点好看，能够边骑边赏海景。这条滨海自行车道的诞生，彷佛是为爱花莲的人而贴身打造一般，轻松漫游，海就在旁一路相伴而行。

单车出租

铁马家族 电话：03-8362977

北滨营业处：花莲市海滨街二十四号

七星潭服务处：新城乡大汉村七星街45号

花莲海洋公园→9号省道→花莲市→193县道可抵七星潭。

于花莲市搭乘计程车前往。

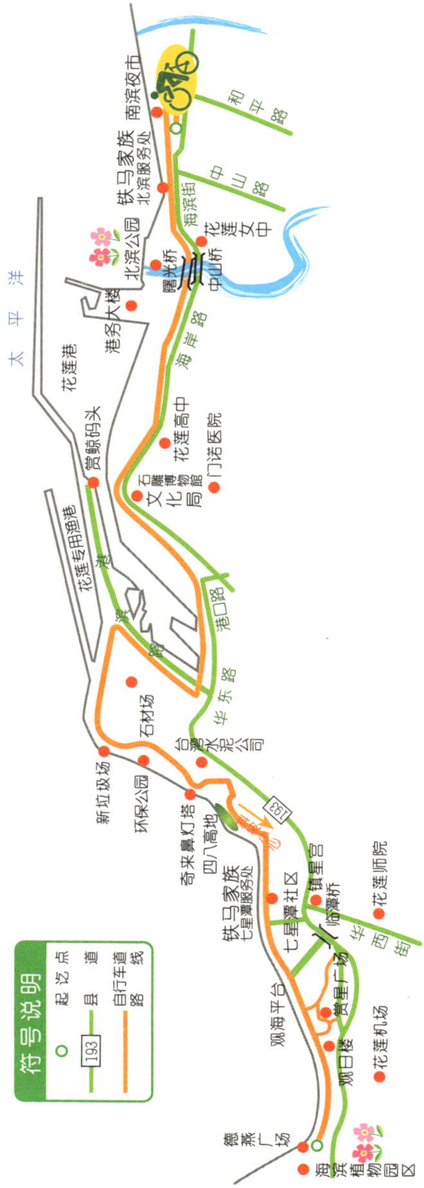

景点1 南滨公园

这一处绿色公园，是观海及散步的好地方，园内设有圆形广场、白鸽饲养区及二层楼的木造观景楼「忘忧亭」。夜晚的南滨公园则一变为热闹的夜市，好吃好玩的不少，而浪涛就成了天然的伴奏音乐。

美食1 花莲薯第一品牌-洄澜薯道

花莲薯才是花莲最古老的名产，「洄澜薯道」是一家拥有70年手工经验的花莲薯专卖店。所有产品采低糖、绝不添加防腐剂……小米粟糬、黑糖沙琪玛、剥皮辣椒、白梅也是一等一哦！

花莲市中华路13号

03-8338899

景点2 曙光桥

沿着防波堤的便道直走，会接到北滨公园，园内绿地浅铺，石椅、凉亭，还有一条用大理石铺设而成的林间小径。由旧铁路改建而成的曙光桥，以原木打造，在桥上眺望开阔浩瀚的太平洋，气势壮阔。每当夜幕升起，桥上灯光伴着皎白月光，彷佛一条人间鹊桥，感受绝美！

活动1 花莲渔港赏鲸豚

搭船出海赏鲸豚，一趟时间约为3小时，据说在花莲外海看到鲸豚的机率高达95%，常见的有「瓶鼻海豚」、「伪虎鲸」、「虎鲸」、「抹香鲸」等二十余种，现场还有专业的向导作解说。

景点3 七星潭

七星潭海滩为一优美的弧形海湾，海水洁净湛蓝，海滩尽是漂亮光滑、形状各异的石头，散步其中，「宝」就在脚下。眺望七星潭海湾，登高望远的地点是「四八高地」。

【原野牧场】

位在花莲七星潭海边的原野牧场，以羊奶咖啡等羊奶制品闻名。将羊奶、羊肉与餐饮业结合，成为七星潭独具风格的牧场餐厅。不管是羊奶咖啡、羊奶绿茶、羊奶圣代，甚至是烤羊腿大餐，都是取自牧场新鲜的食材，有机会不妨来牧场大胆尝试一下吧！

花莲县新城乡大汉村七星街9号　03-8226778

9号省道→193县道（华东路）沿指标可抵。

游玩路线 3

太鲁阁"国家"公园 1.5 → 砂卡礑步道 2 → 长春祠 6.5 → 布洛湾 0.5 → 燕子口 3.5 → 九曲洞 5 → 天祥 3 → 文山温泉 45 → 关原云海

【太鲁阁"国家"公园】

太鲁阁"国家"公园成立于1986年，范围横跨台中、南投、花莲等县境，北境为南湖北峰；东界以清水断崖临太平洋；南端为奇莱连峰、太鲁阁大山；西界为合欢群峰，总面积92000多公顷。太鲁阁"国家"公园内的地形景观千变万化，立雾溪经年累月的侵蚀大理石岩层，而造就了雄奇的立雾溪峡谷（又称太鲁阁峡谷），在峡谷中断层、河阶、瀑布等地形随处可见，是一处绝佳的自然教室。

太鲁阁"国家"公园管理处：03-8621100转361、362

洛韶山庄、观云山庄、青山山庄、大禹岭山庄等可提供食宿，若欲向以上山庄订房，可电洽天祥青年活动中心03-8691111。
太鲁阁旅社03-8611558亦可提供食宿。

花莲市→9号省道前行至太鲁阁→转8号省道往太鲁阁方向可抵太鲁阁国家公园管理处；再沿8号省道往天祥方向前行可抵各步道口及风景区。

于花莲火车站旁的花莲客运总站有许多班车可抵，于太鲁阁站下后步行约400公尺可抵管理处；搭乘往天祥方向班车可抵各步道口及风景区，惟班次少，须向花莲客运总站03-8323485确定出发班次与时间。

景点1 砂卡礑步道

砂卡礑步道就在游客中心附近，是一条环形步道，必须涉水越过砂卡礑溪，巨石左侧便是神秘谷步道。砂卡礑步道是沿着砂卡礑溪畔的大理石岩壁开凿而成，河床上褶皱之美令人不禁赞叹造化的神奇。

景点2 长春祠风景区

过砂卡礑步道后可抵禅光寺，沿溪谷而下是葫芦谷，该处可烤肉戏水。由禅光寺到长春祠间步道呈「之」字形；过吊桥先抵观音洞，洞内可见横贯公路施工全图及观音石佛像。

长春祠座落在青山绿水中，瀑布、前后群山环抱，与天边的山岚映成了一幅美丽的山水画。祠中供奉的是开辟中部横贯公路合流段时期殉职的141位员工。祠堂后方的山坡上另有一高山湖泊名为「天池」，是个探幽的好所在。

景点3 布洛湾游憩区

☎ 布洛湾管理站：03-8612528

位于长春祠和九曲洞之间的布洛湾河阶台地上，目的在于保存与展示太鲁阁地区的山地文化与风俗。在布洛湾游憩区内有一条迷你的健行步道，由环型剧场右后方沿阶梯可直下燕子口，全长仅450公尺，非常适合亲子同行，是一条具教育意义的健行步道。

景点4 燕子口

由燕子口步道往九曲洞方向行，沿途可见峡谷两旁陡峻石壁、大叶赤榕、雀榕及热带季风雨林；低头俯瞰溪谷可见潺潺的立雾溪溪流，清幽中带着些许的肃静。至燕子口步道尽头可见靳珩桥与靳珩公园，是为纪念开辟中部横贯公路时期，因意外殉职的公路局横贯公路合流工程处段长靳珩而命名之。

太鲁阁的泰雅族人

在太鲁阁“国家公园”内的原住民是属于泰雅族，其最大的特色便是「黥面」。所谓黥面是在脸上刺上花纹，男子是在前额及下颚，女子则是在前额刺纵带，在两颊由耳根相交于唇间，这些花纹是一种社会地位的象征。

景点5 九曲洞

因公路于此洞中的车道迂回曲折，故以「九」形容弯路很多。洞中多奇岩怪石，洞外则有尖峰绝壁，与对岸的灰白大理岩隔溪遥望，山壁仅余一狭小的天际，又名为「一线天」。现沿途设有解说牌，并有停车场，游客至此可享受徒步观赏大理岩峡谷的乐趣。

景点6 天祥风景区

晶华渡假酒店03-8691155、
天祥青年活动中心03-869111、
天祥天主堂03-8691122提供食宿。

从天祥到太鲁阁一带的风景点，是太鲁阁公园的精华区域。景点有梅园与福园、七级宝塔、天峰塔及祥德寺和巍峨的天祥青年活动中心，可算是风景面中观光设施最齐全的一站；附近亦有多处山庄可提供食宿。

景点7 文山温泉

天祥风景区→泰山隧道前停车→由隧道口旁阶梯步行下过吊桥即抵。

这处野溪温泉，位在泰山隧道旁立雾溪溪谷中，泉质属弱碱性碳酸泉，泉温约摄氏47度左右，对美白与润肤颇有功效。主温泉洞位在天然大理石洞穴中，四面岩壁高耸，加上不断冒出的雾气，使温泉区显得特别清幽。

景点8 关原云海

中横→省道8号前行，过天祥、慈恩、见关山加油后即抵。

此处已快接近中横公路景点的尾声，续向西行可接省道14甲线，也是冬季赏雪必去的合欢山。关原云海的高海拔使水气聚集在山顶冷凝成云，云雾开阔、瞬息万变，一眼望向山谷尽是一片茫茫的白色世界。早晨与日照减弱的傍晚，为观赏云海的最佳时间。关云山庄04－25991173可提供食宿。

1

②

宜兰县 *Yilan*

开垦的霸气，从吴沙开始，宜兰人总是骄傲地以这块土地为荣……直到今天，绿·水满兰阳，荟萃了观光产业的经典。

③

④

⑤

1. 绿草如茵的武荖坑溪畔。
2. 依山傍水的冬山河亲水公园。
3. 罗东运动公园是一个绝佳的天然教室。
4. 冬山河亲水公园。
5. 以武荖坑溪为重心的武荖坑露营基地。

冬山河

宜兰县

水色无边的雨郡泉乡

当地小吃：

罗东公园小吃：一串心、包心粉圆、卜鸭米粉、古早味枝仔冰；员山鱼丸米粉、罗东东门夜市、北关梗枋海鲜、南方澳海鲜。

当地特产：

鸭赏、古味蜂蜜金枣、金枣茶、蜜饯、礁溪温泉麻糬、牛舌饼、羊羹、新世纪哈密瓜、五峰茶。

民俗采风：

农历5月初5冬山河及礁溪乡二龙村端午赛龙舟、农历5月13礁溪乡协天宫关帝爷祭、公历5月间南澳乡泰雅族丰年祭、农历8月15苏澳镇「荡中秋」、中元节头城抢孤、农历三月到九月大福海边牵罟。

游玩路线 1

宜兰市 22 → 双连埤·福山植物园 ▶

宜兰市 7 → 罗东 4.5 → 冬山河游憩区 11 → 苏澳冷泉 2.5 → 南方澳渔港 ▶

【宜兰市】

景点 1 宜兰设治纪念馆

宜兰市旧城南路力行 3 巷 3 号

03-9326664

宜兰设治纪念馆的前身，是历任地方首长的官邸，重整之后成为综合建筑、历史资料、庭园艺术的展览馆，可说是历史建筑活用的典范。出了纪念馆，也别忘了在周边逛逛，留存的一片红砖墙，诉说着宜兰旧城的故事。

景点 2 宜兰酒厂

宜兰市旧城西路三号

03-9321517

每日上午八时至下午五时开放观光，假日无休。

走进飘着酒香的宜兰酒厂，免不了要先尝一口招牌的「清香酒头冰」，嗯，果真好吃。另外有宜兰特色的「樽藏金枣酒」、「特级红露酒」等，都是名闻遐尔的招牌酒。参观「甲子兰酒文物馆」试品酒香，二楼展示馆则介绍酒的丰富文化。

美食 1 老增寿蜜饯铺

老铺地址：宜兰市中山路68号

03-9322555

老增寿蜜饯铺已传至第五代，逾百年历史，各式兰阳特产让人看的眼花缭乱。另外，宜兰四宝之一「金枣」系列产品更是不容错过的招牌名产。

美食2 三源腊味行

宜兰市康乐路137巷2号

03-9367668

宜兰鸭赏的制作须先将鸭去毛、清除内脏，洗净后以竹片撑开，经过香料腌渍、曝晒后，以甘蔗渣和木炭熏烤而成。制作过程繁复，口味特殊。遵古法制作的三源腊味，是「巷仔底」的老店，当地人强力推荐。

景点3 宜兰运动公园

宜兰市和平路835号 03-9334034

面对宜兰火车站右转和平路→沿指示标可抵。

位于市区精华地段的大片绿地，提供市民一处自然宝地，也是观光的重要景点之一。风筝高高挂在蓝蓝天上，孩子尽情奔跑在草坡中，这里有各式各样最完善的运动设施，让人感觉宜兰真是运动的天堂。

枕山好风光

农场1 波的农场

宜兰县员山乡枕山村枕山路149-41号

03-9232209

宜兰市→9甲省道→过新城桥后右转接同新路→沿指示标可抵。

于宜兰市搭乘往大礁溪的宜兴客运，至自来水厂站下车，步行约5分钟可抵。

热爱食虫植物的农场主人，除了培育猪笼草，还有瓶子草、捕蝇草和毛毡苔等食虫植物。雨林咖啡屋在巧思布置下，成了一间小巧别致的咖啡屋。除了香醇浓郁的咖啡，还有具清热利尿、消炎止咳疗效的猪笼草茶。

农场2 乡村休闲教育农园

宜兰县员山乡枕山村坡城路67-30号

03-9364055

周二、四下午2:00～下午6:00
周六、周日全天开放

宜兰市→9甲省道→过新城桥后右转接同新路→右接坡城路沿指示标可抵。

于宜兰市搭乘往大礁溪的宜兴客运，至终点站下车可抵。

位于青山绿水间的乡村教育农园，俯拾皆是药草植物，带给游客最棒的养生之旅。八卦型的农园规划有本土药草区、蔬果生态区、农事体验区、休闲烤肉区，又有登山步道、山林果园，内容丰富。

民宿1 庄脚所在

宜兰县员山乡枕山村坡城路69-9号

03-9222000

枕山村庆安庙，由庙后方走约3公里即可抵达

座落于重峦叠翠环抱着的一个小村落中，门前有常年清澈的溪流，辽阔的天空和连绵的青山，摆脱都市的尘嚣，享受彷若陶渊明式的田园隐士生活。

民宿2 枕山春海山庄

宜兰县员山乡枕山一村23号

03-9229682

宜兰市→台9甲线往新城，过新城桥后转枕山路，沿枕头山指示标上山即抵。

枕山春海位于枕头山丘陵平台，环境十分幽静，拥有眺望龟山日出与兰阳平原的良好视野，附近有原生植物林步道可供踏青，每年4至6月间，还是枕头山赏萤的好去处。

民宿3 山野居度假民宿

宜兰县员山乡枕山一村54号

03-9229871

山野居外观为哥德式建筑，是双栋合并的欧式别墅，从房间往外眺望，可以看得到百分之八十的兰阳平原，以及龟山朝日的灿烂美景，让每天都有好心情。

【双连埤·福山植物园】

双连埤意思为两座相连的水塘，为少见的湿地地形，湖泊中育有多种沼泽与水生植物、鸟类、螺贝等。福山植物园可走台9甲省道到达，为东南亚地区规模最大的天然植物园，植物园全区分为水源保护区、自然保留区和植物园区，走在园区步道上，享受健康十足的森林浴。

福山植物园 地址：宜兰县员山乡湖溪村双埤路福山1号　电话：03-9228900

宜兰市→台9甲省道→双连埤→福山植物园。

无公车直达，可搭计程车前往

【罗东】

景点1 罗东运动公园

宜兰县罗东镇公正路666号

03-9541216

宜兰市→9号省道→罗东→公正路→沿指示标可抵。

占地广达47公顷的公园，诉说的是神话与自然的故事，是一个绝佳的天然教室及休憩空间。全园以「绿」、「水」、「健康」三大主题，园区以中轴线划分为左青龙、右白虎、南朱雀和北玄武四个方位，以此四种神话动物为中心，再把宜兰县及台湾岛的特殊景观浓缩在运动公园中。建议第一次来的游客，可以让民宿主人或导览人员先带一次全程巡礼，了解整个公园的规划。

双连埤

美食1 林场肉羹

宜兰县罗东镇中正北路109号

03-9552736

这家出了名的肉羹，相信不需多加介绍，只要看见人满为患的排队阵仗，就会被吸引过去。40余年的历史的口味传承，肉羹香味四溢，美味可口。

美食2 老元香牛舌饼

宜兰县罗东镇中正街82号

03-9543653

吃一口热腾腾的新鲜品，老元香本店的手工牛舌饼，与一般市面上卖的就是不一样。口感香脆、清爽不腻。有多种口味供选择，并有宅急配送服务。

景点2 罗东夜市

以罗东公园为核心的罗东小吃，在公园路、中山路一带，更规划为观光夜市，店面整齐划一，着实吸引了不少人。蚵仔煎、担仔面等各式风味小吃，都有着浓浓的乡土味。

◀羊铺子—羊肉汤

景点3 香格里拉休闲农场

宜兰县冬山乡大进村大进路1-1号　03-9511456

罗东→7丙省道往三星方向→经过广兴派出所第二个岔路左转直行（往三清宫方向），沿途沿指示标可抵。

于罗东火车站搭乘往梅花湖、三清宫方向的宜兴客运，在梅花湖、三清宫站下车，由三清宫前步行进 入梅花产业道路，沿指标可抵。

兰阳平原藏匿着一座洋溢荷兰风情的休闲农场，登上山岚迷蒙的大元山，亲身体验香格里拉的仙境之美！农场陆续开发天灯、草编蚱蜢、棉纸蚕桑等DIY童玩制作，让游客都能亲手制作纪念品。

景点4 北城庄—莲花博物馆

宜兰县罗东镇北成路二段135巷55号

03-9611229

走进北城庄，就可嗅到浓浓的生态气息，面积广大的莲花田，是最具代表性的体验区。因为拥有专业的莲花培植技术，在多方鼓励下，成立了荷花形象馆；馆内陈列有陶艺、铜雕、棉纸撕画作品，主题都与荷花有关。

住宿5 香格里拉冬山河渡假饭店

宜兰县五结乡协和中路13巷15号(冬山河畔)

03-9605388

http：//WWW.shangrilas.com.tw

香格里拉冬山河渡假饭店洋溢着地中海蓝天白云欧式风貌，无论您从事商务活动、公司会议假期、团体旅行、家族旅游……，在追求服务品质的香格里拉所提供的餐饮、住宿与附加服务，均能得到最大的满足与最愉快的回忆。

【冬山河亲水公园—水缘无尽河泱泱】

在冬山河堤岸边乘凉，吹来的风凉爽无比，让人怀疑是不是装了一台冬山河冷气机。这是一个「水与绿」结合的开放空间，为了实践「亲近水」的理念，在陆地与水接触的地方，多半都设计成阶状平台，层层没入水中，或将陆地以斜坡状伸入水中，让人与水能更亲近，唤回人类亲水的天性。在亲水公园内可以随意骑乘单车，尽享山水美景。

宜兰县五结乡协和路20-36号

03-9502097

夏季　07:00-22:00

冬季　08:00-22:00

全票80台币　半票40台币

宜兰→兰阳大桥→二结左转宜２５线→五结市区→台七丙省道左转直行→亲水公园。

于罗东火车站搭乘宜兴客运可抵亲水公园。

景点1 “国立”传统艺术中心

座落于冬山河畔的“国立”传统艺术中心，外观采用宜兰厝的形式，汇集了台湾民俗技艺、童玩、戏曲文化、老街建筑重现等，整体以传统艺术的保存与推广为主。开放后定会成为另一观光要点，与冬山河亲水公园成为结合性游憩区。

- 宜兰县五结乡季新村五滨路二段201号
- 03-9705815
- 罗东→196县道经五结→2号省道可抵。
- 于罗东火车站搭乘经清水往南方澳的宜兴客运，于大众庙站下步行可抵。

【苏澳冷泉】

苏澳冷泉就位于苏澳车站东北方的七星山下，属于单纯碳酸泉，泉温约为摄氏21度，为世界仅存的两大冷泉之一，泉水水质清澈，可饮可浴，并具有物理治疗的功效，远近闻名。

苏澳冷泉公园

地址：宜兰县苏澳镇冷泉路6-4号

电话：03-9960645

冬山河→2号省道→苏澳→冷泉路可抵。

于宜兰市、罗东搭乘往南方澳的国光、宜兴客运；或搭宜兰县铁路均于苏澳站下，沿冷泉路步行可抵。

景点1 武荖坑风景区

宜兰县苏澳镇新城南路61号

03-9952852

以武荖坑溪为重心的武荖坑露营基地，是宜兰县政府规划辟建的一处游憩区。武荖坑溪由于溪滩水浅，岸边堆石散布均匀，溪边绿草如茵，却也颇具诗情画意。这座设备完善的露营场，有配备齐全的炊事亭、流理台、烤肉炉架等。

【南方澳渔港】

南方澳南寮鱼市场的渔获便宜又新鲜，摊贩大都将生鲜一盘一盘乘装，有三点蟹、软丝、白带鱼等，另外当地特产吻仔鱼、飞虎鱼（又称鬼头刀）、花枝、长脚蟹，都是来此不可不尝的地道海鲜味。

来到南方澳，也别忘了尝一尝现煮的飞虎鱼丸，实在以飞虎鱼肉制作，手工制作的飞虎鱼丸，吃起来就是新鲜有咬劲。

南方澳渔会

地址：苏澳镇海边路126号

电话：03-9962108

9号省道→南方澳。

于宜兰市、罗东、苏澳、苏澳新站搭乘往南方澳的客运可抵。

景点1 南天宫—金身妈祖

南天宫位于南方澳第一渔港底端，长久以来为南方澳的信仰中心。1995年，庙方打造一尊纯黄金的金身妈祖，人称金妈祖，高六呎三吋，重达5300两，为全亚洲之最，2000年为庆祝建庙50周年，再度重金打造一尊玉身妈祖。南天宫金碧辉煌，终年香火鼎盛、进香人潮络绎不绝，游客每到南方澳除了品尝海鲜外，一定会到妈祖庙上香祈福。

游玩路线2

宜兰市 —37→ 栖兰森林游乐区 —17→ 太平山森林游乐区

栖兰森林游乐区 —17.5→ 明池森林游乐区

【栖兰森林游乐区】

栖兰山以神木和鸳鸯湖自然保留区闻名。鸳鸯湖湖面上经常重雾深锁、迷蒙深邃，造就了独特的生态环境，由于人迹罕至，水泽生态维持完整，成为自然保留区。游乐区有欧式建筑造型的栖兰山庄与小木屋供住宿，当地所特产的猴头菇亦值得尝鲜。

栖兰森林游乐区
地址：宜兰县大同乡太平村土场巷62号
电话：03-9809606

宜兰市→7、7甲省道可抵。

于宜兰市、罗东搭乘往梨山、南山、太平山的国光客运，于栖兰苗圃站下。

【太平山森林游乐区】

太平山海拔约1950公尺，林相丰富，景致包括原始森林、高山湖泊、瀑布、溪谷、地热等地形景观。赏景步道两侧可见高大挺拔的红桧、扁柏、铁杉，林木繁盛，而其中最特别的就是搭乘蹦蹦车，这种昔日伐木时期所用的运材车，行驶于太平山与小泰山站之间，广受游客欢迎。

太平山森林游乐区

地址：宜兰县大同乡太平巷

电话：03-9809806

宜兰市→7、7甲省道→家源桥→左取太平山公路可抵。

于宜兰市、罗东搭乘往太平山的国光客运可抵。

【明池森林游乐区】

明池又称池端，是一个面积约2公顷左右的高山湖泊，四周群山环抱，有如世外桃源。明池森林游乐区可说是台湾第一个以「园林」手法设计所兴建，在景观方面依地形特色划分为静石园、慈园、蕨园、森林童话迷宫、森林步道、苗圃等。慈园、静石园中分别展现出中国、日本的庭园山水景观，如水琴窟、富春庭等，皆展现出花木扶疏、园林楼台之美。

宜兰县大同乡英士村明池巷41号

03-9894104

宜兰市→7号省道西行可抵。

于宜兰市搭乘往巴陵的宜兴客运可抵。

游玩路线 3

礁溪温泉乡 8 → 头城海水浴场 3 → 乌石观光渔港 7.5 → 北关风情

【礁溪温泉乡】

礁溪乡是一处地热丰富的温泉区，有「小北投」美名。温泉精华区在礁溪火车站附近，泉水中含有矿物质，对慢性胃病、皮肤病具功效。郊区有一处利用温泉种蔬菜的区域，主要菜种包括空心菜、蕹菜、丝瓜等，吃起来特别清爽可口。

宜兰县旅游服务中心 地址：宜兰县礁溪乡公园路16号
电话：03-9872403

宜兰市→9号省道北行可抵。

搭北回线铁路至礁溪站；于基隆或台北搭乘往罗东的国光客运，于礁溪站下。

温泉1 中信山多利大饭店

宜兰县礁溪乡兴农路291巷1号

03-9888288

想逃离喧闹的城市给自己一个放松心灵的空间吗？中信山多利大饭店会是个不错的选择。饭店除了设有各式温泉套房、男女裸汤、会议厅，还有交谊厅、健身房、儿童游戏间等设施，不管是休闲渡假或是商务洽公都很适合。

温泉2 和风温泉会馆

宜兰县礁溪乡德阳路30号

03-9888811

和风温泉会馆全新打造多样的泡汤设施，有台湾首创的温泉水舞池、多样性的温泉药草池、大众池、情人汤屋、和式家庭池，附设精油蒸气室、烤箱和美容部。此外，还结合渡小月餐厅，让客人在泡汤后能一尝国宴级的兰阳美食。

【头城海水浴场】

头城海水浴场是兰阳地区唯一的海水浴场，内有绵亘数公里的黑色沙滩，海湾平缓，海水湛蓝，每至炎炎夏日，弄潮客总将沙滩点布的热闹非凡。自沙滩上可远望海上仙山—龟山岛，视觉与听觉上的享受，给人舒爽的意境。

宜兰县头城镇大坑路6-3号

03-9776173

宜兰市→9号省道→2庚省道可抵头城。

搭乘北回铁路至头城站。

【乌石观光渔港】

乌石渔港不仅是解馋尝鲜的好地方，也是搭乘蓝色公路和前往龟山岛的重要据点。美轮美奂的渔港就像一座公园，每到假日草坪上聚集放风筝的人潮，天空里则是一朵朵翱翔天际的飞行物，可谓天上地下都热闹。

乌石渔港渔会

地址：宜兰县头城镇港口里路15-8号

电话：039-782345

赏鲸洽询电话：03－9772260

宜兰市→9号省道→2号省道经头城市区→乌石港。

于宜兰市、罗东搭乘往南方澳的国光、宜兴客运在乌石渔港站下车。

景点1 龟山岛—赏鲸豚

龟山岛屹立于太平洋，是宜兰县的天然地标，由于外貌酷似一只浮龟而得名。附近海域鲸豚活动频繁，可以看海豚与鲸鱼在太平洋上舞动身影，是一座最自然的「海洋公园」。

【北关风情—北关海潮公园】

北关海潮公园位于宜兰县头城镇更新里，内设有观海台，自观海台上南望，远可眺翠绿葱郁的兰阳平原，近可看巨涛拍岸，即著名的「北关海潮」（即指在此地观看到的浪潮）。公园内放置了两座清嘉庆年间的古炮，距今已有百年历史，让海滨公园多了些许古味。

宜兰市→9、2庚、2号省道可抵。

农场1 头城休闲农场

宜兰县头城镇更新路125号

03-9772222

www.tcfarm.com.tw

台2号省道→梗枋，过梗枋桥，沿指标可抵。

搭乘宜兰线铁路在龟山站下车，步行可抵；于台北市、基隆市搭乘往罗东的国光客运在更新站下。

占地百公顷的头城农场，遍植绿林、园艺、花卉果树，处处绿意萌生。游客来此可登山、摘果、采竹，亲自体验农家的采收乐。游客也可沿着游园路线，饱览农场风光，欣赏兰阳八景之一的龟山朝日及浩瀚的太平洋。农场采套装行程，活动内容有焢窑、钓鱼、烤肉、天灯制作、竹工艺创作、叶拓T恤、生态之旅等。

1

澎湖县·金门县

Penghu Quemoy

菊岛，编织出恋爱般的海洋风情；金门，可圆满憧憬中的海洋亲水梦；以丰美的人文震撼人心

1. 西屿灯塔–台湾第一座灯塔，为二级古迹。
2. 澎湖壮观的玄武岩。
3. 澎湖—高粱为早期二崁居民主要农作物。
4. 金门—碧蓝清澈，景观优美的古岗湖 。
5. 澎湖外埯渔港。

澎湖 西台古堡

澎湖.金门

水乡列屿

澎湖县–当地小吃：
马公市民族路海鲜粥；马公市光明路生蚵醋物；马公市文康街牛杂汤；马公市中华路、白醋小管管；西屿乡池东村生蚵沙西米、炸丝瓜。

当地特产：
海鲜、丁香鱼干、紫菜、海苔、哈蜜瓜、花生酥、丝瓜、嘉宝瓜、文石、珊瑚。

民俗采风：
农历2月初2土地庙福德正神祭、农历元月15日乞龟乞福。

金门县–当地小吃：
湖镇复兴路刀削牛肉面、金城莒光路寿记广东粥、金宁乡湖下村信源海产店。

当地特产：
高粱酒、贡糖、菜刀、陶瓷

【澎湖县】

游玩路线

天后宫 0.5 → 观音亭 13 → 澎湖水族馆 6 → 通梁古榕 0.2 → 跨海大桥 7 → 鲸鱼洞 0.3 → 小门地质馆 5.5 → 二崁聚落 6 → 西台古堡 2 → 西屿灯塔

【天后宫】

位于马公市中央里的天后宫主祀妈祖，建于明万历二十(1592)年，典雅古朴，至今已有400年历史，是澎湖居民的信仰中心。

经过数次整修的天后宫，在名师的精雕细琢之下，不论是殿顶的燕尾屋脊、左右护龙的马背或是殿内雕梁画栋、门窗石鼓，都是大师级的艺术精品，巍峨细致的风貌让人叹为观止。

澎湖县马公市正义街 1 号

06-9262819

由马公市公车总站沿民族路往南直行可抵。

【观音亭】

观音亭建于清康熙35年，历经中法战争的破坏，重新整建迄今仍不失其庄严华丽，是澎湖的宗教圣地，香火鼎盛。伫于观音亭前，是欣赏「西屿落霞」的好地点，金色的碧波，真是不容错过的美景。

景点 白沙风力发电风车

位在白沙的风力发电风车，高大洁白的样貌彷佛让人置身国外。游客总喜欢在此处拍照，留下蓝天白云下梦幻般的倩影。

【澎湖水族馆】

澎湖水族馆因位于海边，展览空间可以延伸至海滨的珊瑚礁区，馆中展出的水中生物是以澎湖群岛为中心，1楼可分为沿岸生物、珊瑚礁生物、大洋生物等3大主题区；还有潮间带、海滨区、礁岩区与大洋区等户外展示空间，令人大开眼界。

- 澎湖县白沙乡岐头村58号
- 06-9933006
- 开放时间：09:00-17:00
  （周四休馆，遇假日照常开放）
- 于马公市区沿203县道北行可抵。
- 于马公市搭往通梁的班车，于水族馆下车。

【通梁古榕】

通梁大榕树位于白沙岛，紧邻跨海大桥，树龄已逾300年。相传清康熙年间有商船航经澎湖，于通梁吼门水道遇难沉没，仅余一株榕苗漂至海岸，为乡人拾植于庙前，历经岁月风霜而蔚为今日绿荫广被六百余平方公尺的奇观。

于马公市区沿203县道北行可抵。

于马公市搭往通梁、外垵的班车，于通梁站下车。

美食1 仙人掌冰

澎湖特产之一的仙人掌冰老店就位于通梁古榕附近，招牌上写着「吴念真、念真情」几个字，绵绵的冰沙混和着些许冰淇淋，将仙人掌的特殊美味在舌尖呈现出来，一边吹着海风，一边品尝，真是一件惬意的事。

【跨海大桥】

位于白沙、渔翁两岛之间，全长26000公尺，于1965年动工兴建，1970年底正式通车。跨海大桥两头均设有旅游服务中心，可眺望海面上碧波荡漾、彩霞满天的炫丽景色。

于马公市区沿203县道北行可抵。

于马公市搭往通梁3、外垵的班车，于3桥头站下车。

【鲸鱼洞】

「鲸鱼洞」是小门屿最特殊的海蚀地形，原为一玄武岩海崖，经海蚀作用后，贯穿成一海蚀拱门。小门屿面积虽仅约0.5平方公里，却为澎湖群岛地形、人文景观的缩影，可观赏玄武岩柱状节理、白沙滩、石英砂、壳灰岩等特殊地形。

于马公市区沿203县道至西屿沿指示标至小门屿可抵。

【小门地质馆】

小门屿地质景观特殊，可说是澎湖群岛地形、人文景观的缩影。小门地质馆位于小门风景区入口处，馆藏丰富自然史料与介绍、提供各种导览服务，是认识澎湖自然与人文的最佳去处。

澎湖县西屿乡小门村11-12号　06-9982988

开放时间：08:00～17:00

【二崁聚落】

二崁为西屿中部临海聚落，建村已逾百年，全村皆姓陈，且以中医药为业。村内房屋约五十多户，多以当地石头砌成，是典型澎湖古厝。其中陈氏古厝名列三级古迹，为具日式和西洋风格的五落式平房，其空间意象与装饰华丽考就、难得一见。

陈氏古厝
门票30台币

于马公市区沿203县道至西屿沿指示标可抵。

于马公市搭往外垵的班车，于二崁村下车。

【西屿西台古堡】

位于西屿岛西南侧，是清朝年间中法战争后兴建的军事堡垒，列为台湾一级古迹。西屿西台古堡占地约8.15公顷，墙内建有山字形隧道，并装有19世纪最新的四门大炮。营舍以甬道组成，设有贮弹室、指挥所等。主隧道两边则规划为露营区，并设有石桌椅供游客休憩。

于马公市区沿203县道至西屿沿指示标可抵。

于马公市搭往外垵的班车，于西台站下车。

景点1 外垵石敢当

镇煞驱邪的石敢当是澎湖极具特色的人文景观，星罗棋布地分部在各个村落，守护着澎湖居民。在外垵这片石敢当的区域，可以鸟瞰整个外垵渔港，是拍照的好景点，沿途可见澎湖仙人掌、天人菊等动植物，优美的景观让人流连忘返。

【西屿灯塔】（渔翁岛灯塔）

建于清乾隆四十三年（公元1778年），是台湾第一座灯塔，现为二级古迹。塔上每夜点燃灯火，祀奉塔前庙宇内之天上圣母，是为台厦间船只航行的标地；亦为澎湖重要之观光景点。

于马公市区沿203县道至西屿沿指示标可抵。

于马公市搭往外垵的班车，于外垵站下车。

特别介绍【吉贝屿】

吉贝屿是北海第一大岛，岛上南端因海流堆积作用，而产生弧形沙岸，而著名的吉贝海上乐园也位于此沙嘴地形上。险礁在吉贝屿正南方，虽名为险礁，但全岛被洁白的贝壳沙滩围绕，看起来美丽非凡，为戏水美地。

吉贝游客中心
06-9911487

游北海需至赤崁码头旁的北海游客服务中心购票搭船，于马公沿20 3县道北行约15公里可抵。

【七美屿】

位于澎湖群岛的最南边，为澎湖第五大岛。沿环岛公路向北行可达鲤港，其以礁石海岸、海蚀平台、恶地形七美月世界、满地开花的天人菊、海钓场和岩洞闻名，附近的海岸玄武岩柱状节理更是受人瞩目。南沪港为七美屿上最繁荣的地方，有「小马公」的雅称，是全岛人口最密集的区域，渔船进进出出、热闹非凡。顶隙港旁的「双心石沪」造型优美，是七美岛的著名标地。

马公市有多家游艇公司经营南海航线；高雄与马公均有华信航空班机飞往七美。

七美屿奇岩

【金门县】

【金门民俗文化村】

金门民俗文化村位在山后村中堡，建于清光绪26年（公元1900年），俗称十八间王家厝，全部房舍都采用闽南传统二进式建筑，是旅日侨领王国珍、王敬祥父子构建分赠山后王氏族人居住的宅第，改建后始订名为民俗文化村，总共分为民俗文物馆、礼仪馆、喜庆馆、休闲馆、武馆、生产馆及古官邸。

金门县金沙镇山后村中堡
082-351024
开放时间：08:00～17:00

【太武山风景区】

太武山海拔253公尺，是金门最高的山，可眺望全岛风光，也是著名的观日景点。以玉章路牌楼为起点的太武山步道全长3.5公里，沿途景点有适合赏景的郑成功观兵弈棋处，金门地标「毋忘在莒」勒石，金门最古老的寺庙海印寺，最高人工湖的太武池以及勒石群，景色相当优美。

金门县金湖镇玉章路

【古岗湖】

古岗湖位于旧金城东门外，是一座天然湖泊，湖水碧蓝清澈，景观优美，自古即是金门地区之胜地。古岗楼在古岗湖滨，建于1964年，朱梁碧瓦，重檐回廊，楼高三层。登楼远眺或是在湖中泛舟，饱览山光水色之余，确实让人心旷神怡。

【太湖风景区】

太湖面积共36公顷，是金门第一大人工湖，因为当时全由阿兵哥以脸盆挖凿，所以又名「脸盆湖」。沿着太湖环湖公路上有中正公园、中正纪念林、俞大维先生纪念馆、榕园及慰庐等景点，形成了太湖游憩区，游客在此可以赏景、赏鸟、健行，利用环湖公路就可以饱览湖光山色，因而成为游客最多的胜景。

金门县金湖镇西洪村

【金门陶瓷厂】

金门陶瓷厂是台湾地面唯一的一座官窑，因为配合金门酒厂制作各种纪念酒瓶而打响名号，目前陶瓷厂除了生产酒瓶和各种陶瓷艺术品外，民众也可依各人喜好订制。展示中心二楼还有一座小型的陶瓷博物馆，也是不容错过的参观重点。

金门县金湖镇渔村14号

082-332856～7

开放时间：08:00～17:00

【金门酒厂】

创立于1953年的金门酒厂原名为九龙江酒厂，1956年始更名为金门酒厂。因为金门拥有得天独厚的水质、空气、原料和气候，所以酿制出来的酒特别香、醇、甘、冽。观光酒厂主要设置于金宁新厂，目前游客可以参观酒史馆，了解金酒的历史及各项产品。

金门县金宁乡桃园路1号

082-325628

营业时间：09:00～17:00（全年无休）

太湖

旅游资讯

台湾旅行应注意事项

「自助旅行」是一种时髦的旅游方式，这种完全操之在「我」的旅游，从事先的准备工作、实地体验、到完成旅游行程，都会给人深刻的认知和回忆。

在台湾从事自助旅行，由于人种一致、环境熟悉、语言相通，事前准备工作易于进入状况，遇到突发情形也较容易解决，不过还是应注意以下事项：

简便合宜的旅游装备

在台湾旅游交通便捷、环境熟悉，一般用品随处都购买的到，所以行李及随身物品以简便为原则即可。针对各种不同的旅游性质，穿着合宜的服装与鞋子，俾使旅游舒适愉快。

规划行程

旅行前规划一日、二日、或三日游，每天的游玩行程和住宿、餐饮最好预先安排、预约（许多民宿采预约制），食、住、行皆无虞，旅行才可从容愉快。

交 通

规划行程以及出发前，最好再确认行车路程的顺畅（是否有修路或中断），尤其梅雨和台风季节山区易土石流或坍方，行车宜更加小心。

节庆活动

参加台湾的本土节庆也是一种旅游，像是名闻遐迩的大甲妈祖出巡、盐水蜂炮、端午赛龙舟、东港王船祭、中元节、各种原住民庆典等，通常宗教的仪式会有大量的鞭炮燃放，自身安全防护措施便要加强。

登 山

一般开发已久的林道难度都不高，轻松的「健行」即可游赏。若是登拔高难度的山岳，便要事前搜集相关资讯，补全充足装备才可。

户外活动推荐穿着

一般平地

因夏季阳光较强，故穿着首重防晒、透气、排汗、快乾，夏季蚊虫较多，若去离城市较近的郊区活动，可选择具有驱蚊功能的排汗衣裤。春夏时节因季节的交替，致使气候不甚稳定，建议以夏季穿着搭配薄外套。

推荐穿着：排汗休闲T恤、POLO衫、透气衬衫、轻便长（短）裤、排汗快干长（短）裤、休闲（多口袋）背心、休闲背包、小背包、腰包、遮阳帽

登 山

登山穿着以内层的「排汗」，中层的「保暖」与最外层的「抗风」三种服饰所组成。除内至外兼顾的穿着外，外层的耐磨 、整体的透气性更是不可忽视的必备要点。内层与中层衣物的保暖选择，视活动行程与季节作调整。

推荐穿着：排汗内衣、保暖衫、耐磨外套、排汗快干长（短）裤、手套、背包、手杖、帽子、登山鞋

自行车活动

自行车活动途中，需要高透气与快干的需求，服饰的弹性亦相当重要。另因夏季排汗量较高，若不及时更换衣物则易产生异味，目前欧都纳户外用品推出的X-STATIC银纤维排汗衣，即具有抗臭的功能。

推荐穿着：排汗T恤、排汗长（短）裤、自行车背包

配件介绍（资讯由欧都纳户外用品提供）

③

①

②

④

1. 偏光运动眼镜
（可用于滑雪、登山、钓鱼）
2. GORE-TEX ®帽
3. 多功能水壶腰包
4. TACTEL背心

登山装备与应用

（资讯由欧都纳户外用品提供）

在登山活 中，可资使用的用具或器材，统称为登山装备。登山活动因为高度、行程、天数、天候状况与季节等因素的不同，而有不同程度的需求。

登山衣着

一般登山穿着，以登山界推广的三件式穿着最为受到推崇。主要将穿着的衣服分为三种，以里层的「排汗」，中层的「保暖」与最外层的「抗风」服饰所组成。中层保暖服饰建议选择由聚酯纤维制成的PILE及POLARTEC服饰,® 最外层最好选择防风、防水又能透气的服饰，其中以GORE-TEX 最享盛名，是目前具有防水功能而又能将湿气排出的全天候服装，确保身体的干爽与舒适。

背包介绍

一个背包的好坏关系到行程是否舒适，而背包的优劣最直接的指标便是其背负系统！背包在选择须注意的地方，在底下作一简单的介绍：

- 容量选择是否适用行程，需依行程选择适当容量。
- 外型选择适用行程，其外型为直立式、横式或铝架式，是否附侧袋及上下储物袋分层。（现常用直立式背包，横式与铝架式现已不多见）
- 功能性选择，是否有附背包防雨套（若无要自备）、水袋空间、上下分层。
- 背负系统的透气性、舒适性与稳固性。
- 背带及腰带（臀带）是否为加厚型，加厚型背负感较为舒适。

登山鞋

登山鞋相同以防水性为最基本的需求，若鞋子受潮除了会感到不舒服，身体也会觉得寒冷，所以登山鞋相同可以选择具有GORE-TEX® 功能的材质为佳。

图书在版编目（C I P）数据
台湾自助游 / 林聪宝主编．--北京：当代世界出
版社，2010.12
ISBN 978-7-5090-0694-8
Ⅰ．①台… Ⅱ．①林… Ⅲ．①旅游指南-台湾省
Ⅳ．①K928.958
中国版本图书馆CIP数据核字（2010）第229015号
著作权合同登记号：图字01-2009-6970

书　　名：台湾自助游
作　　者：林聪宝　主编
责任编辑：王　颖
地　　址：北京市复兴路4号（100860）
网　　址：http://www.worldpress.com.cn
编务电话：（010）83908400
发行电话：（010）83908410（传真）
（010）83908408
（010）83908409
（010）83908423
经　　销：新华书店
印　　刷：北京永诚印刷有限公司
开　　本：889×1194毫米　32开
印　　张：12.25
版　　次：2011年1月第一版
印　　次：2011年1月第一次印刷
书　　号：ISBN 978-7-5090-0694-8
定　　价：58.00元
